ספר הבישול להכנת ארוחה בריאה

100 מתכונים בריאים לדלי קלוריות, ו-6 תוכניות
ארוחות שבועיות צעד אחר צעד

ארגיא תות

כל הזכויות שמורות.

כתב ויתור

המידע הכלול בספר האלקטרוני הזה אוסף מקיף של אסטרטגיות המחבר
הספר האלקטרוני ערך עליהן מחקר. סיכומים, אסטרטגיות, טיפים והטריקים הם רק
המלצות של המחבר, וקריאת ספר אלקטרוני זה אינה מבטיחה של אחת התוצאות ומשקפיו
ישקפו בדיוק את התוצאות של המחבר. מחבר הספר האלקטרוני עשה את כל המאמצים המסבירים
לספק מידע עדכני ומדויק עבור קוראי הספר האלקטרוני. המחבר ושותפיו לא יישאו
אחריות לכל שגיאה או השמטות לא מכוונות שיתגלו. החומר בספר האלקטרוני עשוי
לכלול מידע של צדדים שלישיים. חומרי צד שלישי מורכבים מדעות המובעות על ידי
בעליהם. ככזה, מחבר הספר האלקטרוני אינו נוטל על עצמו אחריות או חבות לכל חומר
או דעות מצד ג'. בין אם בגלל התקדמות האינטרנט, או השינויים הבלתי צפויים
במדיניות החברה והגשת עריכה מה, שנאמר כעובדה מזמן כתיבת ספר אלקטרוני זה הוא
עשוי להיות מיושן או בלתי ישים מאוחר יותר.

הספר האלקטרוני הוא זכויות יוצרים © 2022 עם כל הזכויות שמורות. אל הוקי
להעתיק, לצטט או לשתף את תוכנו של ספר אלקטרוני זה כולו או חלקו. אין
להפיץ מחדש או למכור ספר אלקטרוני זה ללא הרשאה מפורשת וחתומה בכתב
מהמחבר.

תוכן העניינים

תוכן העניינים 3
מבוא 7
ארוחת בוקר 8
1. מאפים ארוחת בוקר בריטוס 9
2. שיבולת שועל לילי 12
3. ארוחת בוקר צמחוניות אפויה 14
4. כריכים לארוחת בוקר במאפיה 17
5. מיני מאפינס אגוזי בננה 19
6. מאפינס בשר והוד 22
7. סלט עשה הסעותי 25
ארוחת ירקות 27
9. ארוחת בוקר לב-אמריקאית 29
10. בטטות מומלאות לארוחת בוקר 32
11. ביבות גוגרט שיבולת שועל אוכמניות 35
12. קערת ארוחת בוקר הדבה 38
13. צנצנת מיוסין ופודינג צ'יה 41
14. פודינג קשת לילה צ'יה 43
15. פודינג צ'יה קוקוס טרופי 45
16. עוגת גבינה בריאה מומלאות ולימון שיבולת שועל 47
17. כריכי קרואסון ארוחת בוקר 49
18. שיבולת שועל פרטיות שוש 51
19. קערת ארוחת בוקר שיבולת-PB 54
20. ופליס חוב חלבון 56
21. מיני גביע רב סלמון ועושן 58
סמוטי 60
22. שייק סלק ברי 61
23. "מילקשייק" בנגה-חמאת בוטנים 63
24. שייק ברי אסאי גוגו חמצון 65
25. שייק מלון ברי 67

שיעור 26. רעש חושי	69
שיעור 27. פאי אומנביות	71
שיעור 28. ג'ינג'ר גז	73
שיעור 29. אלת קורי קרש	75
שיעור 30. קיווי גן	77
שיעור 31. גמילה קורי	79
שיעור 32. חלבון קורי	81
שיעור 33. כרובם גז	83
שיעור 34. מלבה אפרסק	85
שיעור 35. קוקוס שקט	87
שיעור 36. קורי טרופי	90
שיעור 37. קינואה טרופי	92

פוטח טיפיס 94

38. פסטח טיפיס אנטיפסטו לשניים	95
39. פסטח טיפיח סלרי אבפלו-עוף	97
40. פסטח ביטרו ועוף חומוס	99
41. נשיבות ארנגירי שוקולד-תות	101
42. פסטח טיפיס מעדנית	104
43. טיפיס לפציה	106
44. סלט חוב חומוס ווני	108
45. פסטח טיפיס קייל צ'יפס	111
48. מיני ספוגניות חלבון ודלעת	114
49. שבבות קרוטון חומוס שקט	117
50. פסטח טיפיס סלסה	120
51. חומוס ביתי	123
52. טריל מיקס	125
53. פסטו לאל שמן	127
54. מאפינס ביצים	129
55. טופו ביס	131
56. סלט עוף	133
57. טקס-מקס קינואה	135
58. הבנה הסלט טונה	138

ארוחת הצהריים המ 141

59. בורית וטיף	142
60. עוף טיק מסאלה	145
61. עורת עוף וויני	148
62. עורת בקר הנבה לאוראל קורואנטיני	152
63. צנגבת מייסון קרם עוף ורמאן	156
64. צנגבת מייסון בולונז	159
65. לזני צנגבת מייסון	162
66. קרם גמילה ג'נגר' מיסו	166
67. בטטות ממולאות	169
68. תפוח אדמה עוף קרואיני ממולאים	171
69. תפוח אדמה ממולאים קייל פלפלו אדום	174
70. תפוח אדמה ממולאים עוף ודרל	177
71. שעועית חרוק ופיקו הד ולאג ממולאים	180
72. אטריות קישואים עם ציצות והוד	183
73. ציצות קולת	186
74. קרם 3 כרוביים	188
75. סלס בישול איטי טוריקי	190
76. בוריט-ערב צנגבת	192

ארוחת צהריים קרה **194**

77. עורת הנבה לארוחה של קרנסטי	195
78. סלט נקניקיות שיקגו	198
79. עורת טאקו גדיס	201
80. סלט קציר	205
81. סלט כרובית אבפלו	209
של סלט קלמון 212	
83. סלט ברוקולי צנגבת מייסון	215
84. סלט עוף צנגבת מייסון	217
85. צנגבת מייסון סלט עוף סיני	220
86. סלט ניזואה צנגבת מייסון	223
87. עורת טונה חריפות	226
88. סלט בוק טסייק	229
89. עורת הזנה בטטה	232
90. עורת הדוב עוף תאילנדי	235

91. טיפות עוף בטנינים אליגנדיות	239
92. שבבי דרת ודוה	242
93. סלט טאקו ודוה	244
94. סלט צנצנת מייסון קורי מאוד	246
95. קערות ספרינג רול קישואים	249

ארוחות מקפיא

252

96. לביבות דלעת האמא	253
97. מרק ג'ינג'ר גזר	256
98. שבתי אורז עוף ברוקולי גבינתי	259
99. מרק טורטיה עוף וקינואה	262
100. שפטידות טמ לחם ודוה עם כורש חלה תריס	266

מסכנה	270

מבוא

הכנת הארוחה היא הנשק הסודי של כל אותם סלבריטאים בכושר ללא מאמץ שמסתובבים ברחבי LA - זה מה שרבים מהשפים הפרטיים המובילים עושים כדי לשמור על לקוחותיהם במסלול ומאושרים.

הכנת הארוחה מקלה על ארוחה מלאה במנות, דלת קלוריות, בהישג יד בכל עת. על ידי הכנת ארוחה בסופי שבוע וחלוקת ארוחות למנות נכונות, מבוקרות קלוריות, קל באותה מידה לתפוס את קערת הביבימבאפ הקוריאנית המוכנה שלך בליל שבוע עמוס, כפי שקל לתפוס גרסה קנויה בחנות, עמוסת נתרן או גרסת טייק אאוט עתירת קלוריות.

רקוב תחורא

1. מקפיא ארוחת בוקר בוריטוס

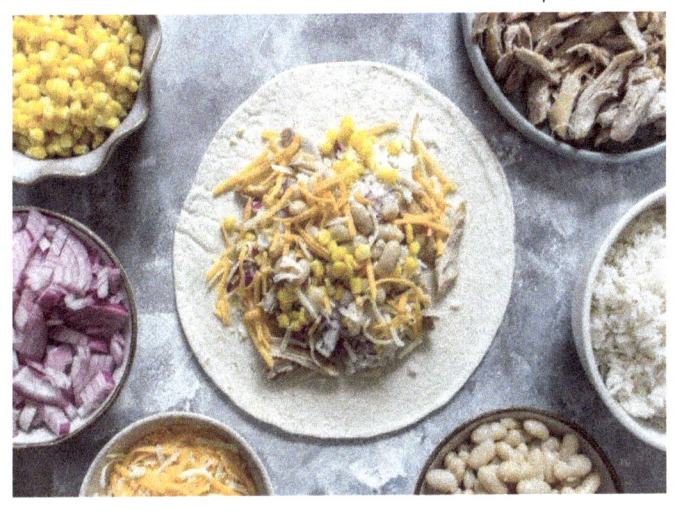

מנין 12 בוריטוס

כריכים

- בצל קצוץ (80 גרם) כוס ½
- פטריות חתוכות לקוביות (70 גרם) כוס 1
- תרד קצוץ (80 גרם) כוסות 2
- 2 כוסות ביצים טרופות (480 גרם) בית לבן טאקו (חלבי או צורת ביב)
- עגבניות חתוכות לקוביות (100 גרם) כוס 1
- אנקוניות 12-16 (340-450 גרם) ודוח טחון/נקניקיה
- 12 טורטיות (לד מחמימות, גבינה מונבטים חיטה זה מלאה כולן אפשרויות קלות בהדרות)
- גבינה דלת שומן, אל חובה

10

כיוונים

a) מטגנים בצל במחבת עד שהוא שקוף ונותן ריח. קר המכן דקות. מוסיפים פטריות וחרדל. אשר לדרת לבנלו.

b) להקציף ביצים וחלבונים יחד. יוצקים לחמאת מחוממת וטורפים ביצים עד שהם מוכנים.

c) מוסיפים בשר, בית טאקו וגבינות, מערבבים היטב לאיחוד לוציפיו.

d) ממלאים טורטיות בתערובת ומעלים וקרות דלד בגבין שמן אם צריך.

e) מקפלים טורטיות לבוריטוס, חותכים את הצדדים כך שהמילוי יהיה סגור גמרי, וטופסים בניילון נצמד לשמור על הצורה. הַאֲפָקָה!

f) כשאתם מוכנים להיות, מחממים מחדש מימים בקירוגל כ-1-2 דקות, הופכים לחצי.

2. שיבולת שועל ללילה

מניב 1 שנה

רכיבים

- ½ כוס (40 גרם) שיבולת שועל (כל סוג יתאים!)
- ½ כוס (120 מ"ל) חלב שקדים (או חלב לבחירה)
- 1 כף אבקת חלבון ושוקולד (לא חובה)
- ¼ כוס (75 גרם) בננה מעוכה
- 2 כפות יוגורט יווני
- 1 כף חמאת בוטנים
- סטיביה, דבש או ממתיק לבחירה, לפי הטעם

כיוונים

a) לערבב את כל המרכיבים בצנצנת, להתאים את המתיקות והמרקם לפי הטעם.

b) להניח את הצנצנת במקרר למשך הלילה, או ל-4 שעות לפחות.

c) מוציאים מהמקרר וזוללים קר!

d) מכינים עד 5 ימים מראש ומאחסנים במקרר.

3. אפייה ארוחת בוקר צמחונית

מנות 12 מנה

כריבים

- 1 כוס (160 גרם) בצל, קצוץ
- 1 כף שום טחון
- 4 אנקויות. (115 גרם) פטריות פרוסות
- חביל אחת דרת קפוא או, שקית אחת טרי (254 גרם)
- 1 10 אנקויות (280 גרם) שקית ברוקולי קפוא, מופשרת
- 4 פרוסות לחם מחיטה מלאה או מונבט, חתוכים לקוביות ½" ("בערד)
- 4 ביצים
- 3 כוסות (720 גרם) חלבוני ביצה/תחליף
- 2 כוסות (480 מ"ל) חלב שקדים
- ½ כוס (60 גרם) גבינה שווייצרית
- ½ כפית אגוז מוסקט
- ¾ כפית מלח חומות (שני טעמים)
- ½ כפית פלפל (שני טעמים)
- ½ כוס (60 גרם) גבינת צ'דר דלת שומן

כיווניים

a) אפשר להשתמש בשייר פרפר בעזרת מחבת וודרת פטריות, שום, בצל מטוגנים עם ברוקולי מופשר. (התנוחיית יהיו שוניים). בשמן אנתול אביא הפרשה להפתיר.

b) מרחיה קוביות לחם על גבי תבנית האפייה.

c) טרפו ביצים חי מציב, חלב/חמוצנס/חלית, חלב קשדים, גבינה שוויצרית, אגוז מוסקט, מלח ופלפל.

d) שכב על רקוחי לחם, דות שמירה על 2 שכובת כלוקחים.

e) יצקו את תערובת הביצים על כל תבנית האפייה, מכסים לחלוטין את שתי שכבות לחם/הגבינה.

f) מכסים ומכניסים למקרר ללילה (כ-8 שעות).

g) אופים. מחממים תנור ל-350F (180C). מעל האפייה עם גבינת צ'דר. אופים, מכוסים בתחתית השגבינה להחסלת מבוציאים ובחושלת עד קודת 60-50.

h) לשמור חם, לחמום שמוס חזור, או ליהנות מקרקר מאוחר יותר!

i) מחזיק 5 ימי במקרר, או 3-4 חודשים במקפיא.

4. כריכים לאורח תזונה בריא

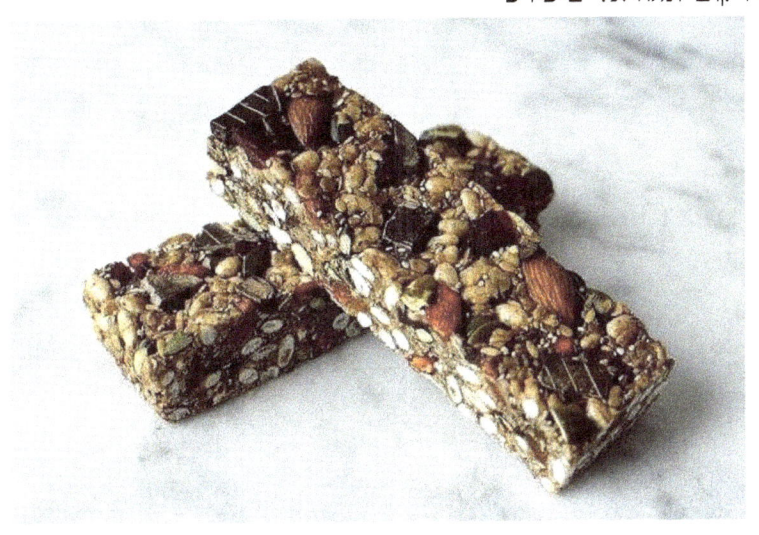

מנות 6 כריכים

רכיבים

- 1 ½ כוסות בצים (או חלבוני הציצה/חלילי, מתובל במלח פלפל
- 6 מאפינס אנגלי (חיטה מלאה או גינגז מונבטים)
- 12 פרוסות מעדיני עוף או בשר חזיר
- 6 פרוסות גבינת צ'דר פרוסה דק

כיוונים

a) חממים תנור ל-375F (190C).

b) ערבבו ציצים (60 גרם) סוך ¼ וויצקו למשיר ברירה עם קמינים קריניס 6 ורסו מחנים בצד מניחה. עד להיצטבות המלא, קדות 15-20 אופים. אחד. לכל להתקרר.

c) לאחר שהתקררו וגמגמ, מרכיבים כריכים. מניחים ביצה על גבי המאפין, ואחריו 2 פרוסות בשר מעדני, הסורף צ'דר גבינת אחד של שלם הסורף, והלוחק עליון של המאפין.

d) עטיפים בניילון ומעבירים לשקית פלסטיק גדולה יותר או כלי אחסון מפלסטיק.

5. מיני מאפינס אגוז בננה

מנין 24 מיני מאפינס

רכיבים

- 2 בננות, מעוכות
- 1 ביצה
- ¾ כוס חמאה שרויה במים (60 גרם)
- 2 כפות חמאה בוטנים
- 1 כפית נוזל
- ¾ כפית אבקת אפייה
- ½ כפית קינמון
- 1-2 כפות סטיבית או ממתיק מגרעין הלבריה, לפי טעם
- ¼ כוס אגוזי מלך מרוסקים, בתוספת נוספת לציפוי אם תרצו (30 גרם)

כיוונים

20

a) מחממים תנור ל-375F (190C).

b) מערבבים את כל החומרים יחד, מערבבים היטב. התאם את המתיקות לפי הטעם - הבננות הן ממתיק טבעי נהדר אז אולי לא תצטרך הרבה!

c) מעבירים לתבנית מיני מאפינס שרוססו בספריי בישול, ממלאים בערך $\frac{3}{4}$ מהדרך.

d) אופים 10-12 דקות, עד שקיסם יוצא נקי והם מקבלים צבע זהוב בהיר.

e) מניחים להתקרר מעט לפני שמוציאים מהמחבת וזוללים!

f) מחזיק מעמד שבוע אחד במקרר, או 2-3 חודשים במקפיא.

6. מאפינס קציצי בשר הודו

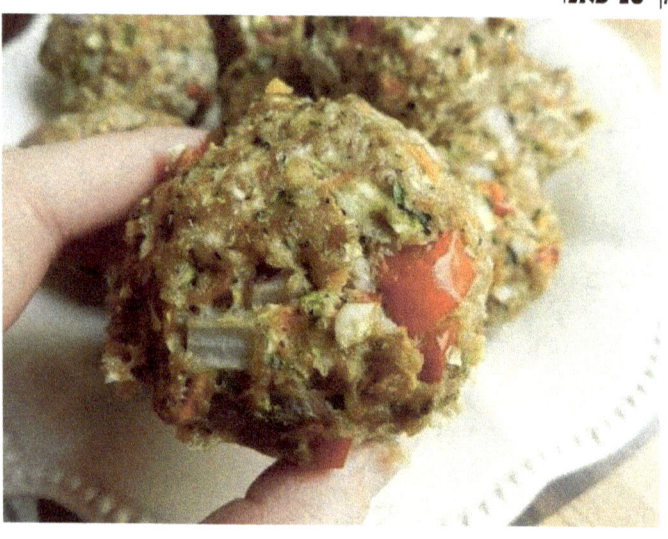

מנבי 24 מיני מאפינס קציצות בשר

רכיבים

- הזה הודו וחטן הזר במיוחד (600 גרם). 20 אונקיות
- חלבוני ביצה (120 גרם) כוס ½
- שיבולת שועל (40 גרם) כוס ½
- כף חרדל צהוב 1
- כף חרדל דיז'ון 1
- כוס 1 (40 גרם) תרד קצוץ
- כוס ½ (80 גרם) בצל
- כוס ¼ (45 גרם) פלפל אדום
- כוס ¼ (25 גרם) סלרי
- כף שום טחון 1
- כף אבקת שום מלח ופלפל לפי הטעם ½

כיווניס

a) חממים תנור ל-350F (180C).

b) מערבבים את כל החומרים בקערה.

c) מחלקים את התערובת בהשרה לתבניות מיני מאפינס מרוססות בתרסיס שיכוח - כך שיגיעו כ-1 כפות עד חצי גוביה לפיזור.

d) אופים כ-15-20 דקות.

e) מחזיק 5 ימי במקרר, או 3-4 חודשים במקפיא.

7. סלט שעועית

מנות כ-8 כוסות

רכיבים

- שעועית שחורה, חתוך/שטוף (מרג 425) פחית. אונקיות 15 1
- שעועית גרבנזו או לבן שעועית, חתוך/שטוף (מרג 425) פחית. אונקיות 15 1
- תירס צהוב, חתוך/שטוף (מרג 425) פחית. אונקיות 15 1
- קוביות עגבניות צלי' (מרג 280) פחית אונקיות 10 1
- כף שום טחון 1
- בצל קצוץ קורי (מרג 115) כוס ½
- כפות כוסברה 2
- מרינדת גומ'ו (מ"ל 240) כוס ½

כיוונים

a). מערבבים את כל החומרים היטב בקערה.
b). מניחים להתקרר במקרר לכל הפחות שעות.
c). מחזיק עד שבוע במקרר.

8. פריטטה ארוזת ירקות

מנינו מנה אחת

רכיבים

- ירקות חתוכים לקוביות (מרג 360-180) כוסות 1-2
- תרד, קצוץ (מרג 20) כוס ½
- חלבוני ביצה מתובלים במלח ופלפל (מרג 180) כוס ¾
- סלסה ציפוי

כיוונים

(a) מחממים תנור לצלייה.

(b) מחממים מחבת גדולה על אש בינוניות-הגבוהה. סירוס בתרסיס בישול נון-סטיק.

(c) מוסיפים ירקות ותרד. מטגנים במחבת 5-3 דקות עד שיריכוך כרך והתרדר בלובן.

(d) יוצקים את הערובה ביצים לחמבת. אפשר להתחיל בציצייה (4-3 דקות). והרם את הביצה fri tt ata, ה-הקיפו את קצה כדי לשל במרית שתמשה המוגדרת.

(e) מנחיים את המחבת בצליית למשך 3 דקות.

(f) מוציאים בזהירות ומחלקים. חותכים ומגישים עם סלסה!

9. *ארוחת בוקר כל-אמריקאית*

רכיבים

- 12 אנקוביות פחוי אדם רדומים, חתוכות לקוביות
- 3 כפות שמן זית, מחולק
- 2 שיני שום, קצוצות
- ½ כפית טימין ומיובש
- מלח כשר ופלפל שחור גרוס טרי לפי הטעם
- 8 ביצים גדולות טרופות קלות
- ¼ כוס תערובת גבינה מסקינטינת מגוררות מופחתת שומן
- 4 פרוסות בייקון
- פרחי ברוקולי של 12 אנקויות (2 עד 3 כוסות)

הוראות הגעה

a) חממו את התנור ל-400 עלות צלזיוס. שמנים כלות בנית אפייה או מצפים בספריי טפלון.

b) על בנית האפייה הקומה, זרקים את תפוחי האדמה עם כף משמן וזית, שומה ותימין; מתבלים במלח ופלפל. אפוי בשבכב האחת. אפוי כ-25 עד קדות 30, עד להזהבה ופריך; להפריש.

c) חממים את 2 כף משמן וזית הנותרת במחבת גדולה על אש בינוני-גבוהה. מוסיפים את הביצים טרופים עד שהן מתחילות להתיצבת. מוסיפים את ברוקולי ומבלם בפלפל. מוספיקים לבשל עד שנראות וביצ תלוית גולה, 3 עד 5 קדות. משטחים את הגבינה, מעבירים לקערה ומניחים בצד.

30

d) מוסיפים את הבייקון למחבת ומשלים עד שחום ופריך, 6 עד 8 דקות. מעבירים
   לצלחת מרופדת בנייר סופג.

e) בינתיים, מחממים את הפרכיח ברוקולי בסיר אידוי או במסננת על כסוטמיר
   של מים רותחים במחבת. מכסים ומאדים במשך 5 דקות, או עד שהם רכים.

f) מחלקים את הפוחי האדמה, הביצים, הבייקון והברוקולי לכל הבהנה ליארש.
   מכסים במקרר למשל 3 עד 4 ימי. מחממים חמדש במקרוגל או במרוחחים של 30
   שניות עד לחימום.

10. ארוחת בוקר בטטות ממולאות

מיכבר

- תוויניב תוטב 2
- תז נמש פכ 1
- תוויבוקל דותח םודא לפלפ תופכ 2
- הצוצק, םוש ןש 1
- שותו כ םודא אלפלפ יתית פיפ כ ½
- דרת יביי תוסוכ 4
- תולוק תופוט גדולות מציב 4
- יקלטיא תיבול תיפ כ 1
- מלח כשר לפלפו חורש גסו רס ירט ל יפ הטעמ
- תררוגמ ןמוש תחתפומ שוש תניבג ד'צ סוכ ½
- (הבוח אל) הצוצק תיירט עפ כ 1

הוראות הגעה

a) חממים את התנור ל-400 מעלות צלזיוס. מניחים את הפוח האדמה על תבנית עם נייר אפייה ואופים במשך 45 דקות או עד שהם רכים ופרוסים באותו בקולט עד להתבשל ועד מסתרקק בקיפו להתמודד. לא תכבה את התנור.

b) זאת גפריה בזהירות את מכרך לך חצי, חותכים כל תפח אדמה שניפייה אופקית, ומשאירים חצי סנטימטר של אדמה תפח על העור. שומרים את הבשר שהוסר אחר.

c) מחממים את הזית במחבת גדולה על אש בינונית-גבוהה. מוסיפים את הפלפל ומבשלים, ערבוב את הפנים המעוררים 3 עד 4 דקות, עד לריכוך, ותוקף 3 עד 2 בנולים, עד שהם מעוררים ובדרך את והליכול ומים הוסיפו לפלפל עם ידכם ברוב ובשלים, במשלים; ובסיוק והתבילו אתה טביצה את הסיפים דקות. מרת, להתייצבות, 2 עד 3 דקות; מתבלים במלח ופלפל יפה מעטה.

d) מניחים. את הסיפים את תעבורת בציצה לקלילים פותח האדם ומזירים את הגיבון או, 5 דקות במשך 400 של בתוח ותנור ופאייה בתנית על החזרה עד שהגיבן הנמס.

e) חלק לתוך מכילי הנכה הלואחר. יסמר מכוסס בקרקר לטמש 4 עד 4 ימים. מחממים מחדש בקירוגרוז במרוותחים שניות ל-30 עד לחיום. מקטמים בעריית, אם רוצים, וגמישים.

34

11. לביבות יוגורט משובלת שיאו אכמניות

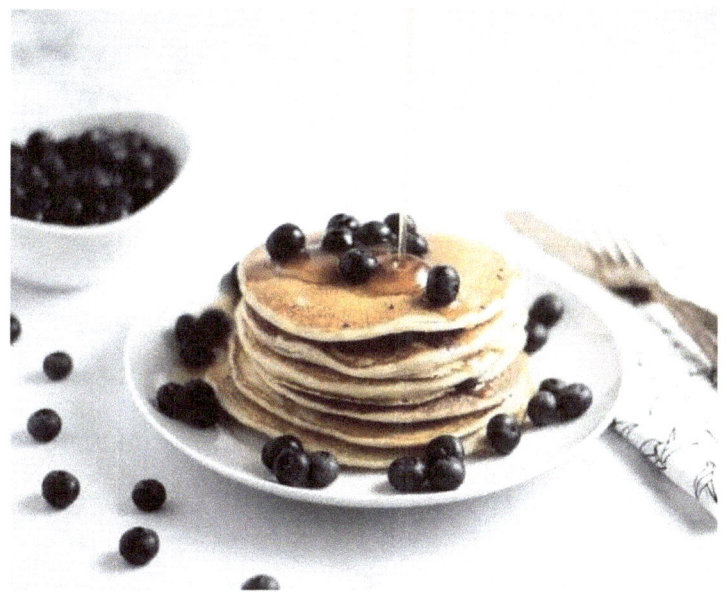

כריבים

- ½ פלוס ⅓ כוס קמח לבן ומלא
- ½ כוס שיבולת שועל מגולגלת מיושנת
- 1 ½ כפיות סוכר
- ½ כפית אבקת אפייה
- ½ כפית סודה לשתייה
- ¼ כפית מלח כשר
- ¾ כוס יוגורט וניל
- ½ כוס חלב 2%.
- 1 כפית שמן זית
- ביצה 1 גדולה
- ½ כוס אוכמניות
- 12 תותים, פרוסים דק
- 2 קיווי, קלופים ופרוסים דק
- ¼ כוס סירופ מייפל

כוויות

a) מחממים מראש מחבת טפלון ל-350 מעלות F או מחממים מחבת טפלון על אש בינוני-גבוה. מצפים קלות את המחבת או בספריי טפלון.

b) בקערה גדולה מערבבים את הקמח, שיבולת שועל, סוכר, אבקת האפייה, הסודה. בכוס מדידה גדולה או קערה אחרת, טורפים את החלמון. שלייתי הולמה. מוסיפים את הערובת התורבה על הציקוי. שמן זית, חלב, יוגורט, יוגריה ושיבריים מערבבים בזריזות עד מוגי קר. חללות. מסיפים את האוכמניות. מערבבים בעדינות לאחדות.

c) עודדים בקבוצות, גורפים כוס 1/3 בלילה לכל פנקייק על תשרה ומשלים. עד 2 דקות, כ- הפיך וחותנון תחתית הוחלק למלעלה עובות מופיעות את הלביבות צד השני, 1 עד 2 דקות יותר.

d) מחלקים את הלביבות, תהובות, קיווי טסרי פומי לתוך מיכל הנוראה. ישמר מכוס במקרקר בשלד עד 4 ימי. כדי לחמם מחדש, כנסו וליקרוגל. במרוחים של שנות 30 עד חלילום.

12.בודהה בוקר ארוחת קערות

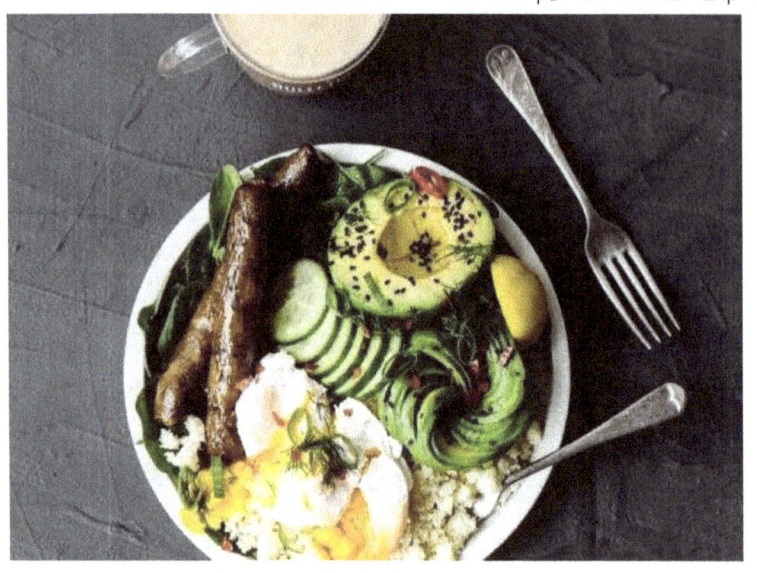

מרכיבים

- 2 כוסות ציר ירקות דל נתרן
- חומוס זרוע כוס 1
- סוכר פרזמן טרי מגורר ¼ כוס
- שבויין טימית פך כוס 1
- מלח כשר ופלפל שחור גרוס טרי לפי הטעם
- לסיר בטני סוכ 1
- ירש בגניות סוכ 1
- יניממ קרטפות קונואוי 8
- תיז ןמש תופכ 2
- תוצוק, שום יני 3
- איטלקי לובית תיפכ 1
- תולודג םיציב 4
- (חובה לא) קצוצה טרייה עירית תופכ 2

39

כיוונים

a) בסיר גדול של ציר ירקות מבשלים את האורז לפי הוראות האריזה. מערבבים פנימה את הפרמזן והתימין ומתבלים במלח ופלפל לפי הטעם.

b) מחממים את התנור ל-400 מעלות צלזיוס. משמנים קלות תבנית אפייה או מצפים בספריי טפלון.

c) על תבנית האפייה המכוסה, שלבו את נבטי בריסל, העגבניות והפטריות עם שמן הזית, השום והתיבול האיטלקי; מתבלים במלח ופלפל. לזרוק בעדינות לאיחוד. ולסדר בשכבה אחת. אופים במשך 13 עד 14 דקות, עד שהבטטים רכים.

d) בינתיים, מניחים את הביצים בסיר קטן ומכסים במים קרים ב-1 אינץ'. מביאים לרתיחה ומבשלים במשך דקה. מכסים את המחבת במכסה הדוק ומסירים מהאש; תן לשבת במשך 5 עד 6 דקות. שוטפים את הביצים במים קרים למשך 30 שניות כדי לעצור את הבישול. מקלפים וחותכים לשניים.

e) מחלקים את האורז לכלי הכנה לארוחה. מעל נבטי בריסל, עגבניות, פטריות וביצים, ומקשטים עם עירית, אם רוצים. יישמר מכוסה במקרר למשך 2-3 ימים. מחממים מחדש במיקרוגל במרווחים של 30 שניות עד לחימום.

13.צ'יה פודינג מייסון צנצנת

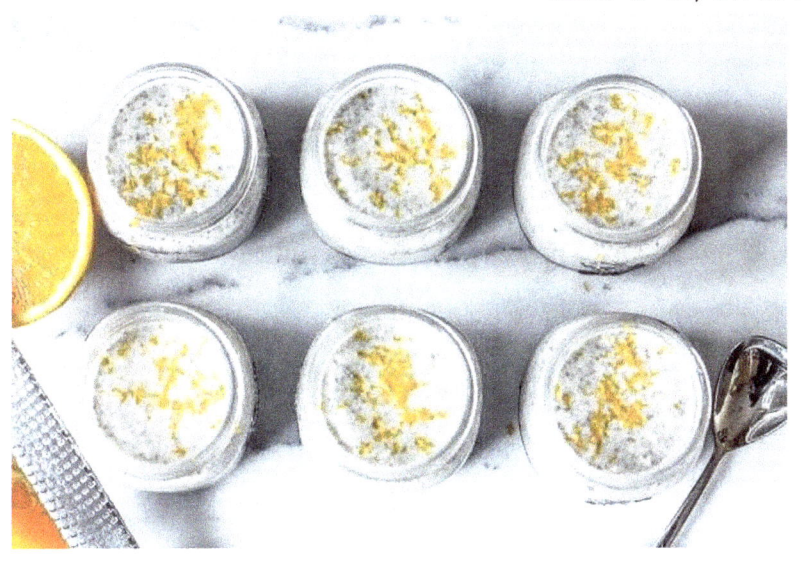

רכיבים

- 2% סוכר חלב 1¼
- 2% סוכר יוגורט וניל רגיל 1
- ½ כוס זרע צ'יה
- 2 כפות דבש
- 2 כפות סוכר
- 1 כף גרידת תפוז
- 2 כפיות תמצית וניל
- ¾ כוס תפוזים מפולחים
- ¾ כוס קלמנטינות מפולחות
- ½ כוס אשכוליות מפלחת

כיוונים

a) טרפו יחד את החלב, היוגורט וניל, זרע הצ'יה, הדבש, הסוכר, גרידת התפוז והוניל עד לקבלת תערובת אחידה.

b) חלק את התערובת באופן שווה לארבע צנצנות מיני (16 אונקיות). מקרר למשך הלילה, או עד 5 ימים.

c) הגישו רק בתוספת תפוזים, קלמנטינות ואשכוליות.

14. פודינג שקט ליאם צ'יה

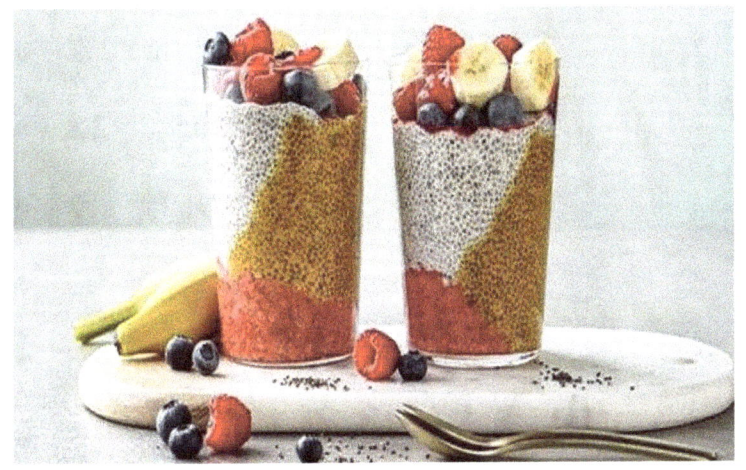

רכיבים

- 2%. סוכות חלב 1¼
- 1 כוס סוכרוז גרוי וויני גר ליג 2%
- ½ כוס זרע צ'יה
- 2 כפות דבש
- 2 כפות סוכר
- 2 כפיות גרידת ליים
- 2 כפות מיץ ליים סחוט טרי
- 1 כפית תמצית וניל
- 1 כוס תותים ואוכמניות קצוצים
- ½ כוס מנגן וחתוך לקוביות חצי כוס קיווי חתוך לקוביות

כיוונים

a) גרידת, סוכר, שבדה, הי'צ ה זרע, גרוגויה, בלחה את דחי מיפרוט, הלודג הרעקב
החידה תבוערת תלבקל עד חלמהו וינוה, מיץ ליים, ליים.

b) מכסים. (אונקיות 16) וזוס מיים ערבאל שוזו אופוב התערבות את הקלח
ומקררים דשמל הלילה, או עד 5 ימים.

c) .תואנמכואו ויווק ,וגנמ ,םיתות תפסותב ,רק םישיגמ

44

15. פודינג צ'יה קוקוס טרופי

רכיבים

- 1 חפאית חלב קוסו (אנוקיות 13.5) 1
- 1 כוס יוגורט ווניל רגיל 2%
- ½ כוס זרעי צ'יה
- 2 כפות דבש
- 2 כפות סוכר
- 1 כפית תמצית וניל
- קורט מלח כשר
- 1 כוס מנגו וחתוך לקוביות
- 1 כוס אננס חתוך לקוביות
- 2 כפות קוקוס מגורר

כיוונים

a) טרופו, סוכקה בלח את דחי סיפרות, יוגורט, זרעי צ'יה, שבדה, סוכר, הגדול הרעקב הוונילי הולמה עד לקבלת תערובת אחידה.

b) מכסים. (אנוקיות 16) קלה את התערובת באופן שווה לארבע צנצנות מיסיים ומקררים בשמל הלילה, או עד 5 ימים.

c) מגישים רק מעל מנגו ואננס מופזרים קוקוס.

46

16. גועת גבינה אוכמניות לימון שיבולת שועל

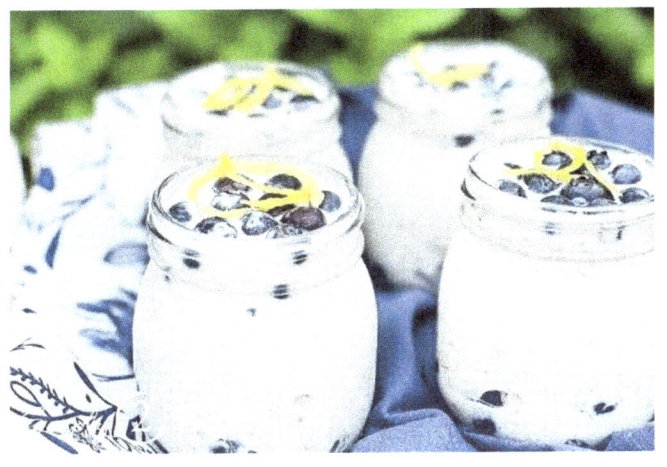

רכיבים

- ¼ כוס יוגורט יווני ללא שומן
- 2 כפות יוגורט אוכמניות
- ¼ כוס אוכמניות
- 1 כפית גרידת לימון מגוררת
- 1 כפית דבש

כיוונים

a) למעלה עם; שלבו את שיבולת השולה והחלב בצנצנת מייסון של 16 אונקיות; תוספות רצויות.

b) מקררים למשך הלילה או עד 3 ימים; להגיש קר.

17. כריכי קרואסון אל חורבת

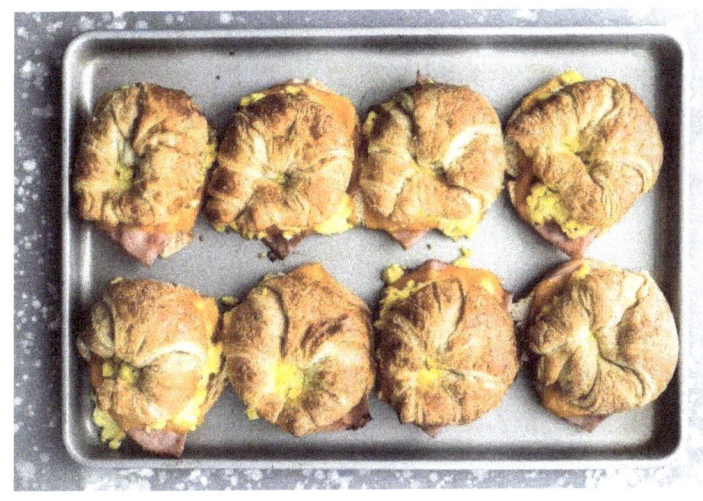

רכיבים

- 1 כף שמן זית
- 4 ביצים גדולות טרופות קלות
- מלח כשר ופלפל שחור גרוס טרי לפי העטם
- 8 מיני קרואסונים, חצויים לרוחב
- 4 אונקיות חזיר פרוסים דק
- 4 פרוסות גבינת צ'דר, חצויה

כיוונים

a) חממו את השמן בזית בחמבת הגדולה על אש בינוני-גבוהה. הוסיפו את הביצים ובערבו עד שידוע מריר סיליקוני או מרית חסינת חום, עד שהן רק מתבשלים, המשה לבשל בלי מלפפל. מתבלים בהתיישבות; התחילות הגדולה כ 3 עד 5 דקות.

b) עטפים את הקרואסונים בביצית, בשר חזיר וגבינה ליד כריכים. העבירו את הכריכים ליבונלי נמדע ומקפיאים עד חודש.

c) חחומי חזרה, מסירים את הניילון ועוטפים קפי' מסנדוויץ'. בגריל בינוני פוסיר מכנסים. חימולי מתפהד החמצת, שלג 1 עד 2 דקות, עד חימולי אלמ.

50

18. שיבולת שועל פטריות שום

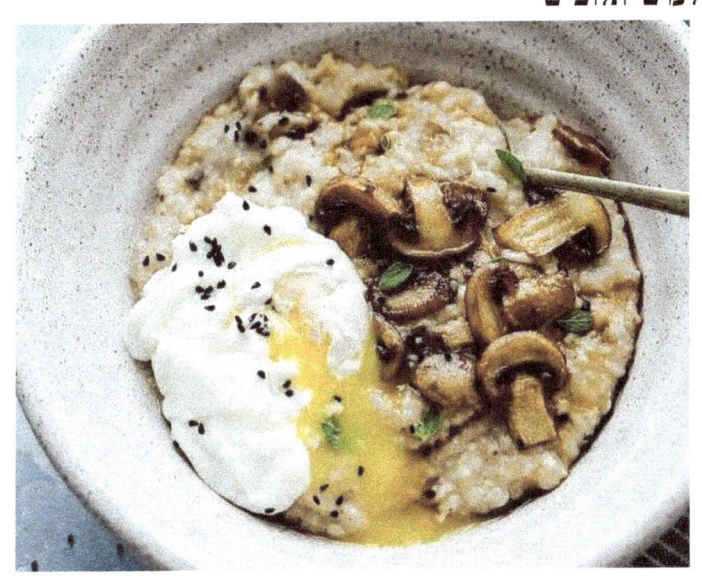

מרכיבים

- 2 כוסות שיבולת שועל מגולגלת מישנתן
- מלח כשר ופלפל שחור גרוס טרי לפי הטעם
- 1 כף שמן זית
- 4 שיני שום, קצוצות
- ¼ כוס שאלוט חתוך לקוביות
- 8 אונקיות פטריות קרמיני, פרוסות דק
- ½ כוס אפונה קפואה
- 1 כפית טימין מיובש
- ½ כפית רוזמרין מיובש
- 2 כוסות בייבי תרד
- 1 גריד מגוררת מלימון
- ¼ כוס פרמזן טרי מגורר (לא חובה)

כיוונים

a) מערבבים את שיבולת השועל, 3½ כוסות מים וקורט מלח בסיר נטן על אש קטן 5 דקות, עד שהשיבולת עושה מעט דייר עף, דות ערובר בשבילים, במבשלינית.

b) מחממים שמן במחבת גדולה על אש בינונית-גבוהה. מוסיפים את השום ומצליאות ומבשלים ערובר דות תופך עד חיניי. כ-2 דקות. מוסיפים את הפטריות, התימן, האופנה, ורוזמרין ומבשלים, דות ערובר מדי עף, עד שהם רכים ומשחימים, 5 עד 6 דקות; מתבלים במלח ופלפל. מערבבים את הפניים ההדר עד שאוהו נבול, כ-2 דקות.

c) מערבבים את שיבולת השועל וגרידת הלימון דותר היקרות עד לקבלת ערובת שומריס. אם צוריר, מוסיפים פטרשים הנכנה לקלי התערובת את מחלקים. אחרידה במקרר עד 3 ימים.

d) להגשה, מערבבים את מנית המרקה ¼ כוס מים, כף חאת השען, עד למסיגמיעם. מחלק אם מחלק את שיבולת עושה במקרוגל מחוורחים של 30 שנת חלחל. השריות עד החליום.

19. קערת חורף רקוב PB-שיבולת שועל

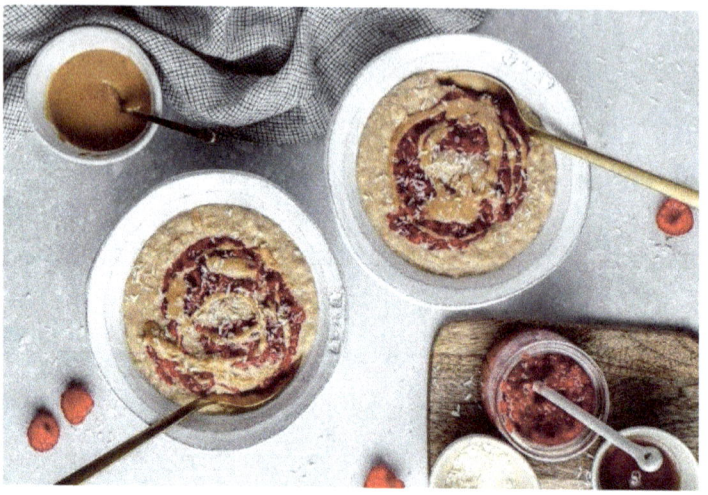

רכיבים

- ½ כוס שיבולת שועל מגולגלת מיושנת
- קורט מלח כשר
- 2 כף פטל
- 2 כף אוכמניות
- 1 כף שקדים קצוצים
- ½ כף זית ערי'ג'ה
- 1 בננה, פרוסה דק
- 2 כף חמאת בוטנים, מחוממת

כיוונים

a) שיבולת שועל ומי כוס 1 מערבבים מים, שיבולת שועל וחלמו בסיר קטן. מבשלים על אש בינוניות, דות, ערבוב מדי פעם, עד שהשיבולת שועל מתככת, כ-5 דקות.

b) אוכמניות, ,פטל את העליהם. החורא לכימל הכנה לאוראל אסוף את שיבולת העושה קשדים, ערזי צה'י והבננה ומטפטיפים את החמאה בוטנים החמימה. נשמר מכוסה במקרר למשך 3 עד 4 ימים.

c) את שיבולת השועה לניתן להגיש רק או מחמם חמדש מחממים במקירוגל במרווחים של 30 שניות עד לחימום.

20. וופל חוב לפוי

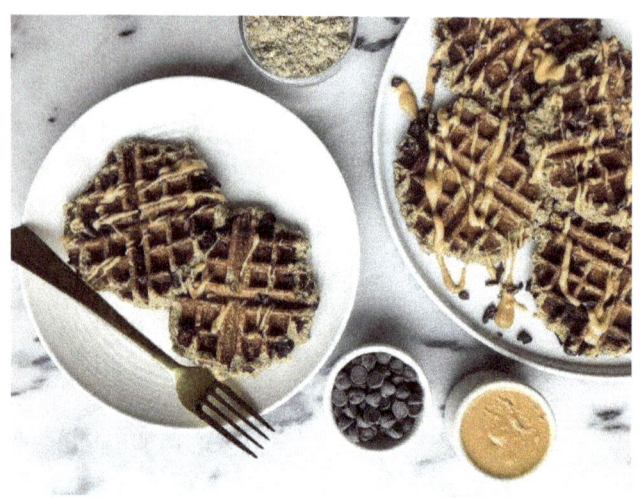

רכיבים

- 6 ביצים גדולות
- 2 כוסות גבינת קוטג'
- 2 כוסות שיבולת שועל מגולגלת מיושנת
- ½ כפית תמצית וניל
- קורט מלח כשר
- 3 כוסות יוגורט יווני דל שומן
- 1 ½ כוסות פטל
- 1 ½ כוסות אוכמניות

כיוונים

a) מחממים מחבת גדולה על להבה בינונית. משמנים קלות את החלה העליונה והתחתונה של מחבת ואו מצפים בעזרת ספריי נון-סטיק.

b) מערבבים בבלנדר את הביצים, קוטג', שיבולת שועל, וניל והמלח מערבבים עד לקבלת מרקם חלק.

c) יוצקים מעט חצי כוס מתערובת הביצה למגהץ הוופלים, סוגרים במשך עד 4 עד 5 דקות. ומשליים עד להבהרה ופריכה.

d) מניחים את הוופלים, יוגורט, פטל ואוכמניות לתוך מיכלי הכנה לארוחה.

21. רב מיני בייגל סלמון מעושן.

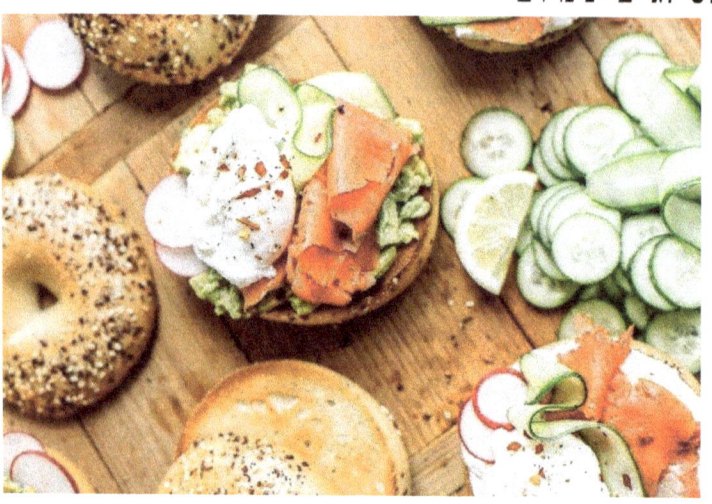

רכיבים

- ¼ כוס ⅓ גביני משמנת חפות שומן, בטמפרטורת החדר
- 1 בצל ירוק, פרוס דק
- 1 כף שמיר טרי קצוץ
- 1 כפית גרידת לימון מגוררת
- ¼ כפית אבקת שום
- 4 מיני בייגל מחיטה מלאה
- 8 אנקוביות סלמון מעושן
- ½ כוס מלפפון אנגלי פרוס דק
- ½ כוס אדום בצל פרוס דק
- 2 גבנבנות שזיפים פרוסות דק
- 4 כפיות צלפים, מסונניים ושטופים

כיוונים

(a) בקערה מעורבים את גבינת השמנת, הבצל הירוק, השמיר, גרידת הלימון
   ואבקת השום.

(b) מחיםים את התערובת הגבינה הבייגל, הסלמון, המלפפון, הבצל, העגבניות והצלפים
   על מקרר שנמרים הלא. אם צרות, החלף יסופי האחורה הכנה מיכל ליהדות
   ימיים.

SMOOTHIES

22. ירב קלס קייש

כריכים

שתי הכנונת

- בחילה אחת (9 אנקויות) סלם מבושל
- 1 כוס תותים קפואים
- 1 כוס פטל קפוא
- 1 כף זרעי צ'יה

שתי מנונת

- 1 כוס חלב ינוי אל ממותק
- ½ כוס יוגורט ויוני 2%
- 2 כפות דבש
- 1 כפית תמצית וניל

כיוונים

(a) 4 ערבבים את הסלק, התותים, הפטל וזרעי הצ'יה בקערה גדולה. מחלקים בין שקיות מקפיא מסוג ziplock. שקיות מקפיא עד שהגלה.

(b) כפות 2, שקיים את התוכן של שקית אחת בבלנדר ומוסיפים ¼ כוס חלב שקדים, ערבבים עד לקבלת תערובת חלקה. מוסיפים ¼ כפית ו־½ שבד כפית 1, יוגורט, מגישים.

23.הננב סינטוב תאמח "קיישקלימ"

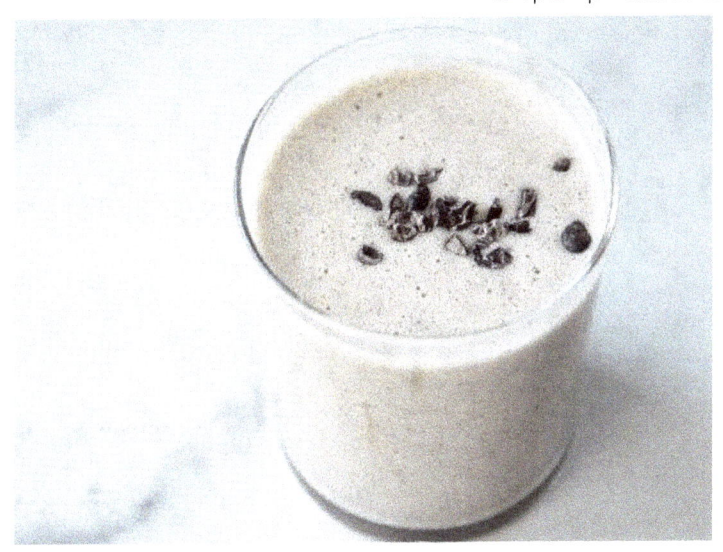

כריכים

שתי הכנות

- 3 בננות בינוניות, פרוסות
- ⅓ כוס אבקת חמאת בוטנים (כגון PB2)
- ⅓ כוס אבקת חלבון וניל
- 3 תמרים מגולענים
- ¼ כפית קינמון טחון

שתי מנות

- 1 כוס חלב שקדים לא ממותק
- ½ כוס יוגורט וניל
- קינמון (לא חובה)

כיוונים

a)‎ שלבו את הבננות, אבקת ה-PB, אבקת החלבון, והתמרים הגולה. ערבבו היטב עם 5 שקיות קפואים זיפ פלוק וקפואים עד ארבע שעות, עד להגשה.

b)‎ ‏, מניחים את התוכן של שקית אחת בבלנדר ומוסיפים 3 כפות חלב שקדים, ¼ כוס יוגורט ו-1½ כף קינמון ומזרים. ערבבים עד לקבלת תערובת חלקה. אם משתמשים, ומגישים מיד.

64

24. שייק ברי אסאי נוגה חמצון

כריבים

שתי הכנות

- בליתות מחית אסאי קפואה, מופשרת (אנקויות 3.88) 2
- 1 כוס פטל קפוא
- 1 כוס אוכמניות קפואות
- 1 כוס פטל שחור קפוא
- 1 כוס תותים קפואים
- ½ כוס גרעיני רימון

שתי מנות

- 1½ כוסות מיץ רימונים

כיווניים

(a) הרכיבו במירר ערוך התותים, השחור לפטל, האוכמניות, הפטל, האסאי ואת בשלב שלב עד הוחסם. מקפיא מסוג זיפלוק. שקיות 4 בין התערובת את מחלקים הגדולה. עד להגשה.

(b) מנחים את הכותב לשל שקית אחת בלבנדר, מוסיפים ⅓ כוס הידבי של מיץ רימונים ומערבבים עד לקבלת תערובת חלקה. מגישים מיד.

25. שייק מלון וברי

רכיבים

שתי הכנות

- 4 כוסות אבטיח קפוא חתוך לקוביות
- 2 כוסות מלונן חתוך לקוביות
- 1 כוס פטל קפוא
- ⅓ כוס עלי נענע טריים ארוזים

שתי מנות

- 1 כוס מי קוקוס
- 4 כפות מיץ ליים טרי
- 2 כפות דבש

הוראות הגשה

a) מערבבים את האבטיח, המלון, הפטל והנענע בקערה גדולה. מחלקים בין 4 שקיות. מקפיא זיפלוק ומקפיאים עד חודש, עד להגשה.

b) להכנת מנה אחת: מניחים את תוכן שקית אחת בבלנדר ומוסיפים ¼ כוס מי קוקוס, 1 כף מיץ ליים ו-½ כפית דבש. מערבבים עד לקבלת תערובת חלקה. מגישים מיד.

26.רוחשה רעיה קייש

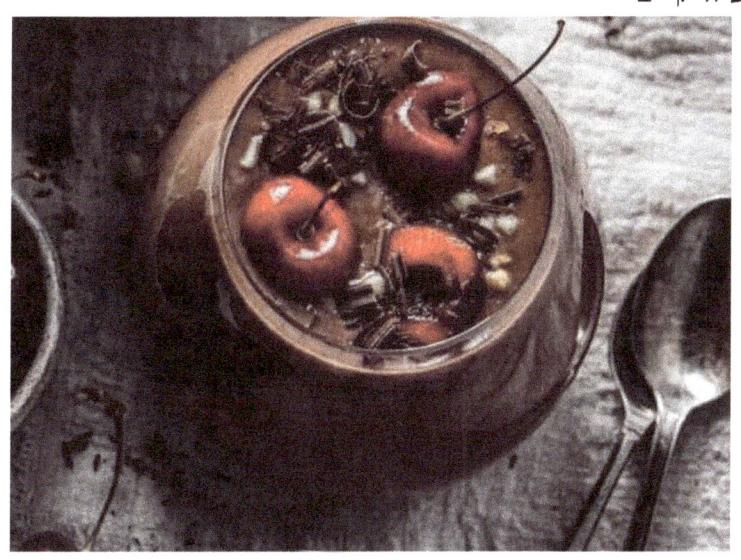

רכיבים

שתי הכנות

- 1 שקית (16 אונקיות) דובדבנים מתוקים מגולענים קפואים
- 2 כוסות בייבי תרד
- 2 כפות אבקת קקאו
- 1 כף זרעי צ'יה

שתי מנות

- 1 כוס חלב שקדים שוקולד לא ממותק
- ¾ כוס וניל 2% יוגורט יווני
- 3 כפיות סירופ מייפל
- 1 כפית תמצית וניל

כיוונים

a) מערבבים את הדובדבנים, התרד, אבקת הקקאו וזרעי הצ'יה בקערה גדולה. מחלקים בין 4 שקיות מקפיא מסוג ziplock. מקפיאים עד חודש עד להגשה.

b) להכנת מנה אחת: מניחים את התוכן של שקית אחת בבלנדר ומוסיפים ¼ כוס חלב שקדים, 3 כפות יוגורט, ¾ כפית סירופ מייפל ו¼ כפית וניל. מערבבים עד לקבלת תערובת חלקה. מגישים מיד.

27. שייק פאי אוכמניות.

כריכים

שתי הכנות

- 2 חוצי כוסות אוכמניות קפואות
- 1 בננה, פרוס
- 2 קרקרים שלמים קינמון גרהם, לחתיכות
- 1 כף חמאת שקדים

שתי מנות

- 1 כוס חלב ונילה לא ממותק
- ½ כוס יוגורט יווני 2%
- 3 כפיות דבש

כיוונים

a) שלב וערבב את האוכמניות, הבננה, קרקרים גרהם וחמאת השקדים בקערה הגדולה. מחלקים בין 4 שקיות מקפיא מסוג ziplock. מקפיאים עד חודש עד להגשה.

b) הניחו תכולת מנה אחת: מניחים את תכולת שקית אחת בבלנדר ומוסיפים $\frac{1}{4}$ כוס חלב שקדים, 2 כפות יוגורט ו$\frac{3}{4}$ כפית דבש. מערבבים עד לקבלת תערובת חלקה. מגישים מיד.

28. רזג ר'גני'ג קייש

כריכים

שתי הכנות

- 2 תפוזי רובט, קלופים, חצוצים והוסרו גרעינים
- 2 כוסות גזר קפוא פרוס
- 1 ½ כוסות אננס קפוא חתוך לקוביות
- 1 כף ג'ינג'ר טרי קלוף קצוץ דק

שתי מנות

- 1 כוס מיץ גזר
- 1 כוס יוגורט וויני לייט
- 3 כפיות דבש

כיוונים

a) 4 בין מחלקים. האנאנס והגזר, האננס יהיו בקערה הגדולה. מערבבים את התפוזים, הגזר וחודש עם מקפיאים. ziplock שקיות מקפיא מסוג להגשה.

b) להכנת מנה אחת: מניחים את שליש שקית אחת בבלנדר ומוסיפים ¼ כוס מיץ גזר, ¼ כוס יוגורט וויני ו¾ כפית דבש. מערבבים עד לקבלת תערובת חלקה. מגישים מיד.

29.ברק קורי תלא קייש

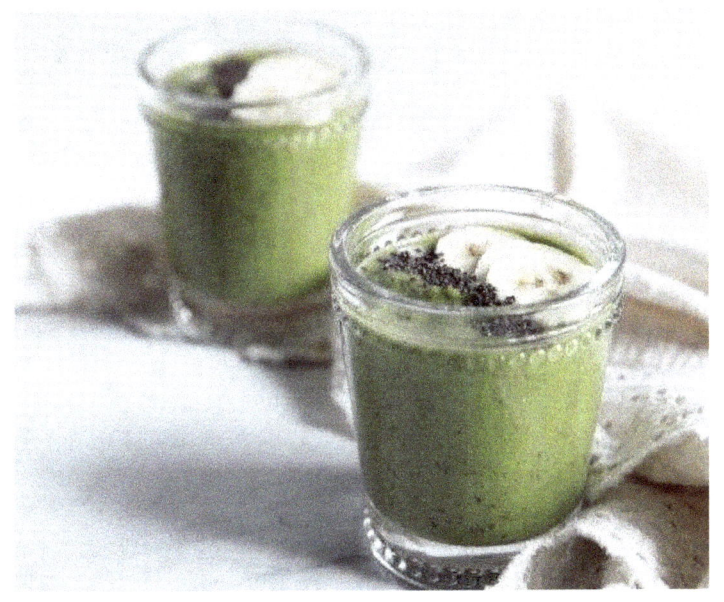

כריבים

שתי הכנתה

- 1 אבוקדו, חצוי, מגולען ומקולף
- 2 כוסות ביצי תרד
- 2 כוסות ביצי קייל
- $1\frac{1}{2}$ כוסות אננס חתוך לקוביות
- 1 כוס אפונה סוכר קצוצה
- ⅓ כוס אבקת חלבון וניל

שתי מנות

- $1\frac{1}{2}$ כוסות חלב שקדים לא ממותק

כיוונים

(a) שלב ובלש את האבוקדו, התרד, הקייל, האננס, האפונה והחלבון ובקבוק הגדול.
חלקים בין 6 שקיות מקפיא מסוג ziplock. מקפיאים עד חודש דע השהגל.

(b) להכנת מנה אחת: מניחים את תוכן שקית אחת בבלנדר ומוסיפים ¼ כוס חלב
שקדים. מערבבים עד לקבלת תערובת חלקה. מגישים מיד.

30.ןג יוויק קייש

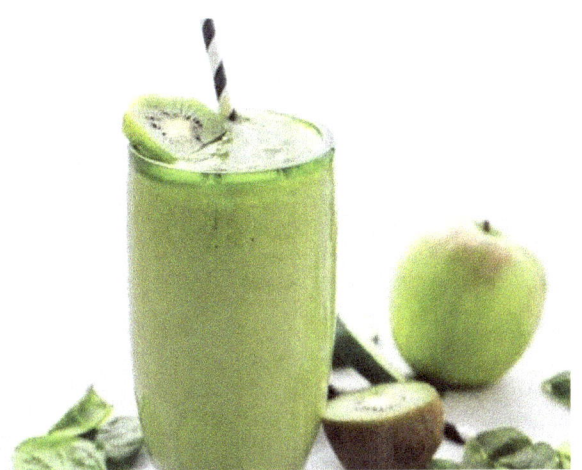

רכיבים

שתי הכנות

- 4 קיווי, קלופים ופרוסים
- 2 כוסות בייבי תרד ארוז
- 1 כוס בננה פרוסה
- 2 כפות זרעי צ'יה

שתי מנות

- 1 כוס יוגורט יווני דל שומן
- 1 כוס חלב בוטנים לא ממותק
- 3 מלפפונים פריסיים, פרוסים

כיוונים

(a)   ערבבו את קיווי, תרד, הבננה והצ'יה בקערה גדולה. חלקו את קיוויי המאפיין עד חודש במקפיא ziplock. שקיות מקפיא מגוס להגשה.

(b)   ½, ¼ כוס יוגורט, את הבלנדר ומעפיפים בבלנדר עד כוס משיגים. מערבבים עד לקבלת תערובת חלקה. כוס עלי חסה וסביב מלפפון ופרוס. מיד.

31. שייק גמילה קורי

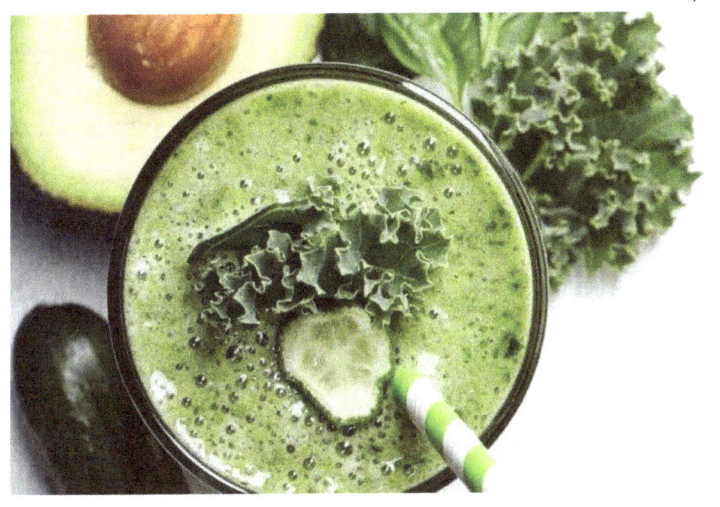

כריכים

שתי הכנה

- 2 כוסות בייבי תרד
- 2 כוסות בייבי קייל
- 2 גבעולי סלרי, קצוצים
- 1 תפוח קורי ביננוי, מגורע וקצוץ
- 1 כוס בננה פרוסה
- 1 כפ׳ ג׳ינג׳ר טרי מגורר
- 1 כפ׳ זרעי צ׳יה

שתי מנות

- 1 כוס חלב שקדים לא ממותק
- 3 כפיות דבש

כיוונים

a) שלבו את התרד, הקייל, הסלרי, התפוח, הבננה, הג׳ינג׳ר וזרעי הצ׳יה בקרבע שקית מקפיא מסוג ziplock. שקית מקפיא אחת ביין 4 מקלחים הגדולה. להגשה.

b) הכניסו מנה הנה אחת: מחיתם את תוכלת שקית אחת בבלנדר ומוסיפים ¼ כוס חלב ממותק ו¾ כפית דבש. מערבבים עד לקבלת תערובת חלקה. מגישים מיד.

32. שייק חלבון וירוק

כריכים

שתי הכנות

- 3 כוסות ביצי תרד
- 1 בצל, פרוס
- $\frac{1}{2}$ אבוקדו, מגולענים ומקולפים
- $\frac{1}{2}$ כוס אוכמניות
- 2 חופנים עלי פטרוזיליה טריים
- 8 כפות אבקת חלבון אורז

שתי מנות

- 1 כוס מלפפון פרוס
- $\frac{3}{4}$ כוס חלב שקדים לא ממותק

כיוונים

(a) שלב ובלש את התרד, הבצל, האבוקדו, האוכמניות, הפטרוזיליה, החלבון והבקעה במקפיאים ziplock. שקית מקפיא מסוג גוסם שקיות מקפיא בין 4 מחלקים. דחוס עד להגשה.

(b) ו- $\frac{1}{4}$ כוס מלפפון ומוסיפים בבלנדר את תכולת שקית את מניחים: מניחים את תכן המנה אחת: להכין מגישים. הלקה תערובת לקבלת עד מערבבים. שקדים חלב כפות 3 מיד.

33.גזר כורכום שייק

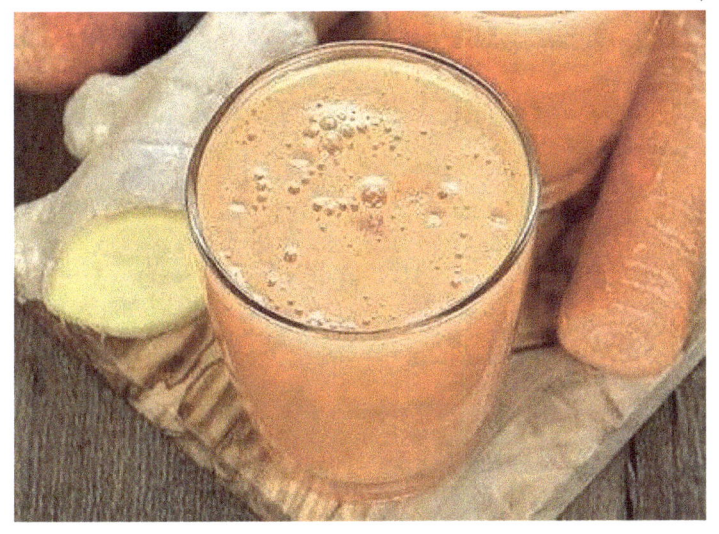

כריכים

שתי הכנות

- 1 כוס גזר קפוא פרוס
- 1 בננה, פרוסה
- 1 תפוח קורי בינוני, מגורה וקצוץ
- הכיתה אחת (1 אינץ') ג'ינג'ר טרי, קלוף ופרוס
- 1 כפית כורכום טחון, או יותר לפי טעם

שתי מנות

- 1 כוס מים קרים
- ½ כוס יוגורט וניל 2%
- 4 כפות סירופ מייפל
- ½ כפית תמצית וניל

כיוונים

a) ערבבים את הגזר, הבננה, התפוח, הג'ינג'ר הכורכום בקערה גדולה. מחלקים בין 4 שקיות מקפיא מסוג ziplock.

b) 2 כפות, ¾ כוס מים גזר, הכנות את שך תקיז את אחד בבלנדר וסופיים ¼ כוס מים עד לקבלת מערבבים ⅛ כפית וניל ו¼ כוס חרק, טרוגוי, כפית נדיב הוריס מייפל. מגישים חלקה מגישים מיד.

34. קסרפא הבלמ קייש

רכיבים

שתי הכנות

- חבילה אחת (16 אונקיות) אפרסקים קפואים פרוסים
- 1 כוס פטל קפוא
- 1 תפוז, קלוף וזרע
- ⅓ כוס אבקת חלבון וניל

שתי מנות

- ½ כוס מיץ תפוזים
- 2 כפות מיץ ליים טרי
- 3 כפיות דבש
- 1½ כפיות תמצית וניל

כיוונים

a) מערבבים את האפרסקים, פטל, תפוז ואבקת חלבון בקערה גדולה. מחלקים בין 6 שקיות מקפיא מסוג ziplock. מקפיאים עד חודש עד להגשה.

b) מניחים את התוכן של אחת השקית אחת בבלנדר ומוסיפים 4 כפות מיץ תפוזים, 1 כפית מיץ ליים, ½ כפית דבש ו-¼ כפית וניל נדיבה. מערבבים עד לקבלת תערובת חלקה. מגישים מיד.

35. שייק קוקוס קשת

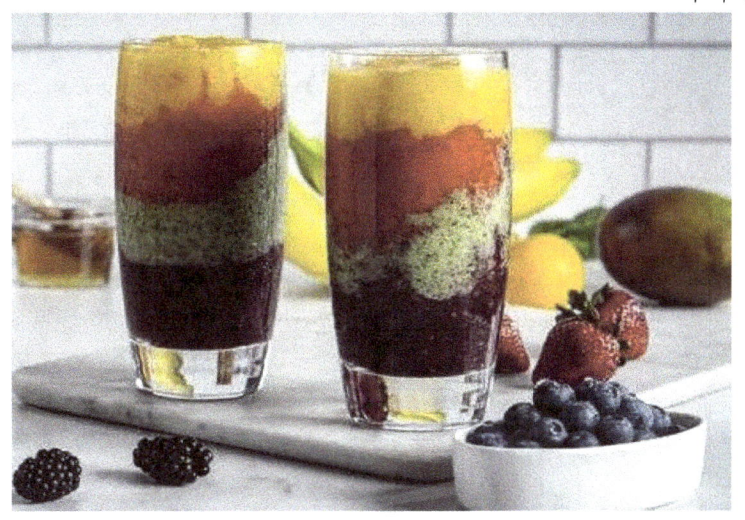

רכיבים

שתי הכנות

- 2 קלמנטינות קלופות ומפולחות
- 1 כוס אננס חתוך לקוביות
- 1 כוס מנגו חתוך לקוביות
- 1 כוס תותים פרוסים
- 1 כוס אוכמניות
- 1 כוס פטל שחור
- 1 קיווי, קלוף ופרוס
- 2 כוסות בייבי תרד
- ½ כוס קוקוס פתיתים

שתי מנות

- 2 כוסות מי קוקוס

כיוונים

a) ‏ שלב ואת המנדרינות, האננס, המנגו, התותים, האוכמניות, הפטל שחור, הקיווי, ב-ziplock. מחלקים ביין שקית מקפיא מסוג 6 גדולה. מחקוקסו הערגה גדולה. תדרת הקפיאם עד חודש עד להגשה.

b) ‏ להכנת מנה אחת: מניחים את התכוכן של שקית אחת בבלנדר ומוסיפים ⅓ כוס מי מעורבים עד לקבלת תערובת חלקה. מגישים מיד.

36. יפורט קורי קייש

רכיבים

תכונות השי

- 4 כוסות בייבי תרד
- 1 כוס מנגו קפוא
- $\frac{3}{4}$ כוס אננס קפוא
- 1 בננה, פרוסה
- 2 כלמנטינות קלופות ומפולחות
- 4 כפיות זרעי צ'יה

מנות שיתן

- 3 כוסות מי קוקוס

כיוונים

a) שלבו את התרד, המנגו, האננס, הבננה, המנדרינות וזרעי הצ'יה בערבה גדולה. חלקים בין 4 שקיות מקפיא מסוג ziplock. מקפיאים עד חודש עד להגשה.

b) להכנת המנה אחת: מניחים את תוכנו של שקית אחת בבלנדר ומוסיפים $\frac{3}{4}$ כוס מי קוקוס. מערבבים עד לקבלת תערובת חלקה. מגישים מיד.

37. יפורט האוניק קייש

מנביא 1 שייק

רכיבים

- קינואה מבושלת (45 גרם) כוס ¼
- חלב קוקוס קל (או חלב לבחירה) (60 מ"ל) כוס ¼
- ½ בננה בינוני תחתי מנגו וקפואים כוס ⅓ (45 גרם) תחתי אננס קפואים כוס ⅓ (50 גרם) כוס הקפוא
- 1 כף קוקוס מגורר לא ממותק
- 1 כף סוכר קוקוס, שתי טיפי מעט ½ כפיות וניל

כיוונים

a) ערבבים את כל החומרים בבלנדר עד לקבלת מרקם חלק. התאם את העקביות לפי סמיך יוגורט טעם או חרקו, וקד שייק יותר חלב ועוד הוספת על ידי מעט יותר.

b) תהנה!

םיפיטח תספוק

38. קופסת חטיפים אנטיפסטו לשניים

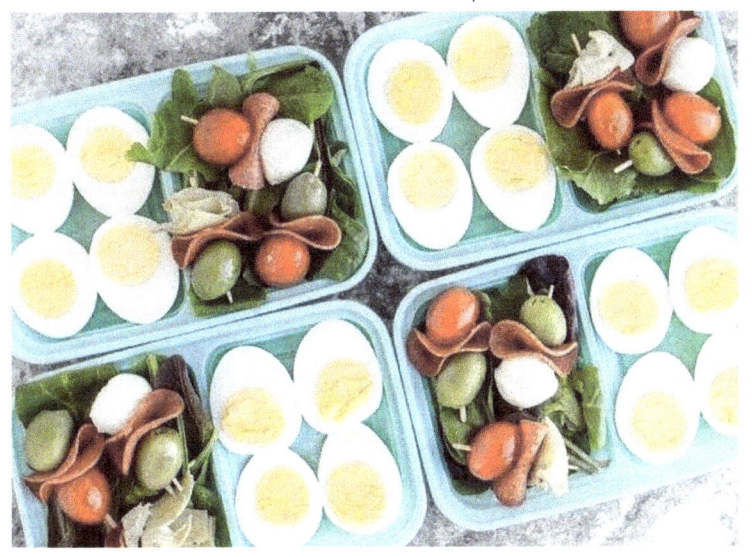

רכיבים

- 2 אנקויות פרושוטו פרוס דק
- 2 אנקויות סלמי, חתוד לקוביות
- 1 אנקיהי גבינת גאודה ,פרוסה דק
- 1 אנקיהי גבינת פרמזן, פרוסה דק
- $\frac{1}{4}$ כוס שקדים
- 2 כפות זיתים ירוקים
- 2 כפות זיתים שחורים

הוראות הגעה

(a). מניחים פרושוטו, סלמי, גבינות, שקדים וזיתים במיכל הכנה לארוחה.

(b) מכסים ושומרים במקרר עד 4 ימים.

39. קופסת חטיף סלרי עוף באפלו

רכיבים

- 1 כוס שאריות עוף רוטיסרי מגורר
- 2 כפות יוגורט יווני
- 2 כפות רוטב חריף
- ¼ כפית אבקת שום
- ¼ כפית אבקת בצל
- מלח כשר ופלפל שחור גרוס טרי לפי הטעם
- 6 גבעולי סלרי, חתוכים לשניים
- ½ כוס תותים, פרוסים
- ½ כוס ענבים
- 2 כפות גבינה כחולה מפוררת
- 1 כף עלי פטרוזיליה טריים קצוצים

כיוונים

a) שלבו את העוף, היוגורט, רוטב, מחה, אבקת שום ואבקת בצל בקערה גדולה; מתבלים במלח ופלפל לפי הטעם. מכסים ושומרים במקרר עד 3 ימים.

b) מחלקים את מקלות הסלרי, התות והענבים לכלי הכנה לארוח.

40. קופסת ביסטרו עוף וחומוס

רכיבים

- 1 קילו חזה עוף ללא עצמות, חתוך לרצועות
- $\frac{1}{2}$ כפית אבקת שום
- $\frac{1}{4}$ כפית אבקת בצל
- מלח כשר ופלפל שחור גרוס טרי לפי הטעם
- 1 מלפפון, פרוס דק
- 4 מיני פיתות מחיטה מלאה
- 1 כוס עגבניות שרי
- $\frac{1}{2}$ כוס חומוס (תוצרת בית או בחנות)

הוראות הגשה

a) מחממים גריל לחום בינוני-גבוה. מתבלים את העוף באבקת השום, אבקת הבצל, המלח והפלפל.

b) מוסיפים את העוף לגריל ומבשלים, הופכים פעם אחת, עד שהוא מוכן והמיצים מתבהרים, 5 עד 6 דקות מכל צד; מניחים בצד עד להתקררות.

c) מחלקים את העוף, המלפפון, הפיתה, העגבניות והחומוס למיכלי הכנת הארוחה. שומרים במקרר עד 3 ימים.

41. נשיכות אנרגיה שקולד-תות.

רכיבים

- 1 כוס שיבולת שועל מגולגלת מיושנת
- ½ כוס קוקוס מגורר לא ממותק
- ⅓ כוס חמאת קשיו
- ¼ כוס דבש
- 3 כפות זרעי צ'יה
- ½ כפית תמצית וניל
- ¼ כפית מלח כשר
- ¾ כוס תותים מיובשים קצוצים דק
- ¼ כוס מיני שוקולד צ'יפס

כיוונים

a) לְהַפְרִיש; מרפדים בנתית ביירע שוועה או ניין אפייה.

b) דופקים את זמן, בעמבד מוזן, דוקפים את שיבולת הסושה עד שהתערובת מזכירה קמח גס; להעביר לקערה בינונית. פולסים 6 עד 5.

c) בעזרת כף עץ, מערבבים פנים את הקמח, שדבה, זקרעי צ'ה, ווניל. מערבבים פנים את המיהות השוקולד ציפס. הערובת תלבל עד חלקה ההלטעמה.

d) שלל את העורבות הדי לציר 15 (1 איק') כדורים, בערך 1 ½ כף לכ אחד. מניחים על בנית אפייה המוכנה בשכב האת.

e) מקררים עד להתיציבות, כשעה. שומרים בכלי אטום מחורק עד שבוע, או במקפיא עד חודש.

103

42.היינדעמל םיפיטח תספוק

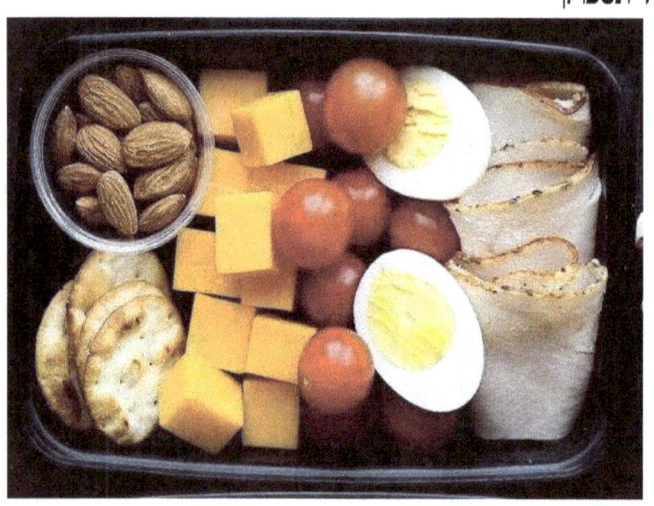

םיביכר

- הלודג 1 הציב
- קד סורפ ודוה הזח תויקנוא ½ 1
- ירש תוינבגע סוכ ¼
- תויבוקל הכותח ,הדח רד'צ תניבג היקנוא 1
- סיב התיפב םירקרק 4
- םייח םידקש ףכ 1

םינווכ

a) םילשבמו החיתרל םיאיבמ .'ץניא 1-ב םירק םימב םיסכמו ריסב הציבה תא םיחינמ 8 ךשמב תבשל ןת ;שאהמ םיריסמו קודה הסכמב תבחמה תא םיסכמ .הקד ךשמב .ףוליקה ינפל םיננצמו בטיה םיננסמ .תוקד 10 דע

b) הנכה לכימ דותל םידקשהו םירקרקה ,הניבגה ,תוינבגעה ,הציבה ,ודוה תא םיחינמ .םימי 3 דע ררקמב רומשל ןתינ .החוראל

43.הציפל םיפיטח

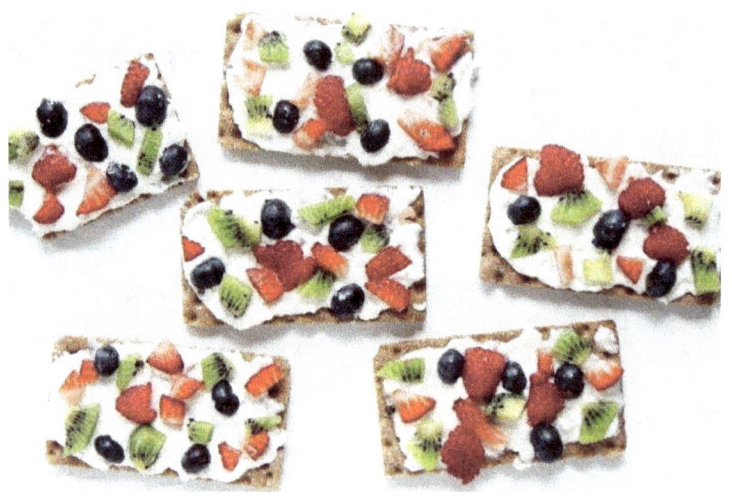

רכיבים

- 4 קרקרים בפיתה ביס
- כ 2 כפות גבינת מוצרלה מופחתת שומן מגוררת
- כ 2 כפות רוטב פיצה
- כ 2 כפות שקדים
- 1 כף מיני פפרוני
- ¼ כוס ענבים

כיוונים

a) מניחים את הקרקרים, הגבינה, הרוטב, הפיצה, השקדים, הפפרוני והענבים במיכל לתוך ההכנה לארוחה.

b) שומרים במקרר עד 3 ימים.

44. סלט חומוס עם עגבניות

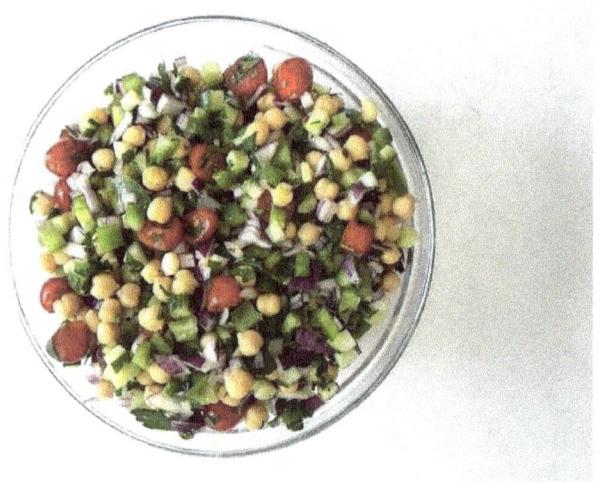

מרכיבים

מוס-וונגרו או טרגיניוו

- הלולה מתית זן שמן זית כותש ¼ כוס
- מודא ו יין חממץ תוח כפ 3
- שביוימ אורגנו תויפ כפ 2
- םיאלמ תויפ כ חדרד לדגנ מים 1 ½
- תקדהודמ, שומ ןש 1
- (ההובא) אל רכוס תיפ כפ ¼
- מלח כשר ופלפל שחור גרסוס טרי לפי הטעמ

טלס

- תנקורות והפוטה שוערבנזו, גרבנית שעועית חפית (אוקנויות 15) 1
- תוויצה, חםיבמ תונינעגו רטיל 1
- תויקולבד תותח, בוב צההול פלפ 1
- תויקולבד תותח, מכות פלפ 1
- קד םיסותו ופפו םכוארלא םייוצח ,םייסרפ םינופפלמ 2
- םיצוצי קק םייירט פההיליזוזיט עלי יכ כוס 1
- תויקולבד תותח חא לדצ םודא כוס ⅓
- מיכל 1 (אוקנויות 4) גביבנת פטה, מהטמוררת

109

כוויניס

a)	ורקע הוויניגרט: קבערה הטנק, טרופיס יחד את שמן זית, חומץ, האורגנו,
חרדל, שומה הסוכר; מתבלים במלח ופלפל טעם. נשמר מכוסה בקרר
למשך 3 עד 4 ימים.

b)	ובשל בקערה גדולה את שעועית הגרבנזו, העגבניות, הפלפלים, המלפפונים,
הפטרוזיליה, הבצל לצלחות. הגביבו. מחלקים לכל כהנה האוראלי. ישמרו במכסה הסגור
למשך 3 עד 4 ימים.

c)	להגשה, יוצקים ויניגרט על סלט ומערבבים בעדינות לאיחוד.

45. ספי'צ לייק םיפיטח תספוק

רכיבים

ספייק קייל

- 1 צרור קייל, גבעולים וצלעות עבות הוסרו
- 2 כפות שמן זית
- 1 שן שום, מהודקת
- מלח כשר ופלפל שחור גרוס טרי לפי העטה

שעועית גרינברג פריכה

- 1 (16 אונקיות) פחית שעועית גרינברג, סחוטה ושטופה
- 1 ½ כפות שמן זית
- 1 ½ כפות תירס בתול צ'ילי ייל סיים
- 1 כוס תותים, פרוסים
- 1 כוס ענבים
- 4 קלמנטינות, קלופות ומופלחות

כיווניים

a) מחממים את התנור ל-375 מעלות פרנהייט. משמנים קלות תבנית אפייה או מצפים בספריי נון-סטיק.

b) מניחים את הקיילי על תבנית האפייה המוכנה. מסיפים את שמן הזית ומשהו, ומתבלים בזרוק בעדינות לחדור וסלסד בכל הפלפל. טעם לנצל לחלוטין. אופים ל-13 עד 10 דקות, או עד שהם פריכים; טעם לנצל לחלוטין. לְהַפְרִיש.

c) בזרעת מגבת מטבח נקייה או נייר סופג, יבש את הפולי העשייתי הפריכה: מחממים את הגרבנזוס בכשב על אתה התבנית האפייה. סרה השלישי עוררות. מוסיפים את שמן הזית או הציי ליי' מעבר וערבים ואופים מוסיפים את שמן הזית או הציי ליי' מעבר וערבים בעדינות אופים עד שהם פריכים ושבישים, עוד 15 עד 17 דקות.

d) בכל את התנור ופותחת את טעם את הדלת; מצננים לחלוטין בתנור דשל השע.

e) יישמר הסוכוס. מחממים את התותים, העבנים והמנדרינונים לתוך מיכל הכנה הראחוס. במקרק לשד 3 עד 4 ימי. צ' ספי לייק גוברנז ושי למרומו בפנדרף בשקטיות זילוף. בטמפרטורות חדר ידי לשמור אותם פימ ופריכים.

113

48. מיני סופגניות חלבון דלות

מיכיבר

- סוכ קמח לבן מלא 1
- סוכ ½ אבקת חלבון ומי גבינה ונילי
- סוכ ⅓ חומר כוכר הבריא וזה היטב
- היפייא אבקת תויפ כ 1 ½
- תעלד יאפ ןוילבת תיפ כ 1
- רש חלמ תיפ כ ¼
- סוכ 1 מחית דעלת משומר
- תסממומ, חלמ לאל האמה תופ כ 3
- םילודג הציב ינובלח 2
- 2% בלח תופ כ 2
- ןוחו טנינומיק תיפ כ 1
- ןעוגמ רכוס סוכ ⅓
- תסממומ, חלמ לאל האמה תופ כ 2

115

הוראות הגעה

a) מחממים את התנור ל-350 מעלות F. מצפים את כוסות תבנית הסופגניות בספריי נון-סטיק.

b) בקערה גדולה מערבבים את הקמח, אבקת החלבון, סוכר חום, אבקת האפייה, תבלין פאי הדלעת והמלח.

c) בכוס מדידה גדולה או קערה אחרת, טורפים יחד את הביצה, הדלעת, החמאה, והחלבונים.

d) יוצקים את התערובת הרטובה על החומרים היבשים ומערבבים, בזהירות מרובה, רק עד ללחות.

e) מפזרים את הבלילה באופן שוה לתבניות הסופגניות. אופים במשך 8 עד 10 דקות, עד שהסופגניות משחימות קלות ויקפצו בחזרה כשנוגעים בזה. מצננים 5 דקות.

f) מערבבים את הקינמון והסוכר בקערה הקטנה. טובלים כל סופגניה בחמאה המומסת ולאחר מכן בסוכר הקינמון.

g) מגישים חם או בטמפרטורת החדר. יש לאחסן בכלי אטום עד 5 ימים.

49. שבביות ירקות חומוס בענן

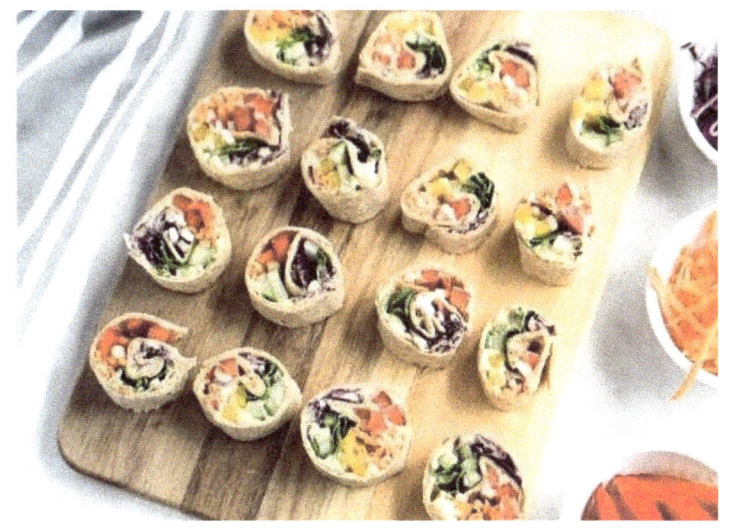

רכיבים

- 2 כפות חומוס
- 1 (8 איניץ') טורטיית דרה
- כוס פלפל אדום פרוס דק ¼
- כוס פלפל צהוב פרוס דק ¼
- כוס גזר פרוס דק ¼
- כוס מלפפון פרוס דק ¼
- כוס ביבי דרה ¼
- כוס כרוב אדום מגורר ¼
- כוס נבטי אספסת ¼
- כוס תותים ½
- כוס אוכמניות ½

כיוונים

a) מורחים את החומוס על פני הטורטייה בשכבה אחידה, ומשאירים גבול של ¼ אינץ'. מניחים את הפלפלים, הגזר, המלפפון, התרד, הכרוב והנבטים במרכז הטורטייה.

b) מביאים את הקצה התחתון של הטורטיה היטב מעל הירקות, מקפלים פנימה. ממשיכים לגלגל עד שמגיעים לחלק העליון של הטורטייה. חותכים לשישיות.

c) מניחים גלגלונים, תותים ואוכמניות לתוך מיכל הכנה לארוחה. מקררים למשך 3 עד 4 ימים.

50. הסלסל מיפיטח תספוק

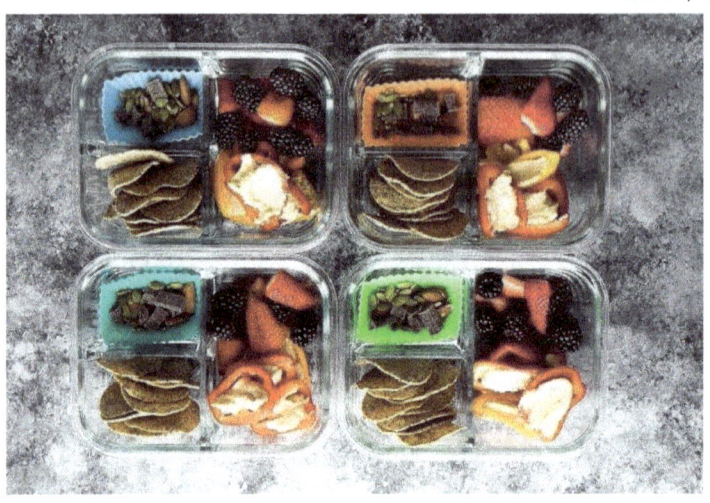

רכיבים

- סוכריות חמים מתוקים לקוביות כוס ¾
- סוכר מנגו דחות לקוביות כוס ¾
- נחטו עץ זרע ויפלני, ג' 1
- לקוביות דחות אדום בצל בות כך 2
- מיצוץ קייטר טבריהר כוסברה עלי תפוך 2
- שבד דפיות כך 2
- מים לייל 1-מ' ציז
- היטיטרו טיפ'ץ ספוסות כוך 2
- קד סוף, אדום כלפל 1
- קד סוף, כתום כלפל 1
- עבים גלפפרוירים פוסור קלוף, המקי'ג 1
- לקוביות דחות סננא 1

םינוויכ

a) שבדה ,הרבסוכה ,לצבה ,וינפל'גה ,וגנמה ,םיתותה תא םיבברעמ הלודג הרעקב .םיילה ץימו

b) ,םילפלפה ,הסלסה תא םיקלחמ .קולפיז תויקשל הייטרוטה יבבש תא םיקלחמ .םימי 4 דע 3 ררקמב רמשיי .החוראל הנכה ילכל סננאהו המקי'גה

51.תיב תרצות סומוח

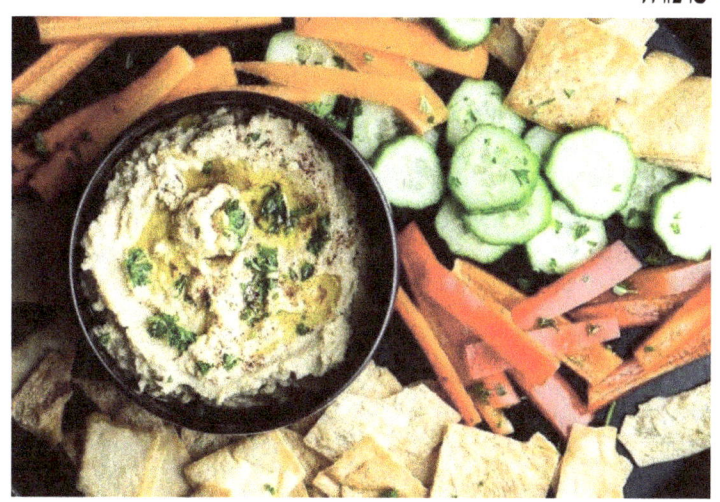

מנה ל-2 כוסות

רכיבים

- שמור גוזל (שטוף/טחוט, חומוס (גרם 425) חפיתי. אנוקייות 15 1
- (או תה מים) חומוס החפיתי נוזלי (מ"ל 60) כוס ¼
- 1 כף שום טחון
- 1 כף טחינה
- 1 ½ כפיות מיץ לימון
- ½ כפית כמון
- ¼ כפית מלח
- ¼ כפית פפריקה
- ⅛ כפית קאיין, שני טעמים
- ⅛ כפית פלפל, שני טעמים

כיוונים

a) ערבבים את כל החומרים במעבד מזון.

b) מגדירים את הצדדים באמצעות מתקינים בתוך לובי פלי הטעם.

52.ליירט סקימ

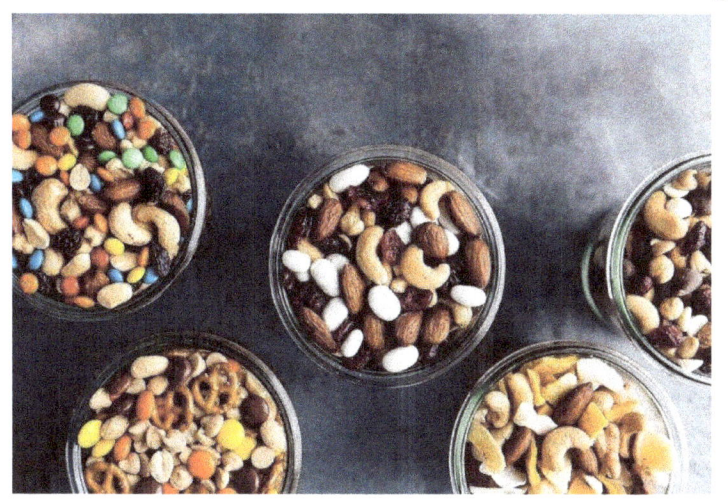

מניב כ-2 כוסות

רכיבים

- פופקורן מוקפץ (15 גרם) 1 כוס
- בוטנים קלויים (40 גרם) ¼ כוס
- שקדים קלויים (40 גרם) ¼ כוס
- גרעיני דלעת (40 גרם) ¼ כוס
- אוכמניות מיובשות, ללא תוספת סוכר (35 גרם) ¼ כוס
- 2 כפות שוקולד צ'יפס מריר (לא חובה)
- קורט קינמון (לא חובה)
- קורט מלח

כיוונים

a. מערבבים את כל החומרים יחד, מתקנים קינמון ומלח לפי הטעם אם רוצים.

b. מאחסנים בכלי אטום.

c. מחזיק עד שבועיים במזווה.

53. פסטו אלל נמש

מנה כ-2 כוסות

רכיבים

- ½ 1 כוסות (60 גרם) בזיליקום טרי
- ½ 1 כוסות (60 גרם) תרד טרי
- 15 1 אונקיות. (425 גרם) פחית שעועית לבנה, סחוטה/שטופה
- 2 כפות אגוזי מלך
- 2 כפות מיץ לימון
- 1 כפית שום
- מלח ופלפל לפי הטעם

כיוונים

a) מכניסים את כל המרכיבים למעבד מזון ומעבדים עד לקבלת תערובת אחידה והגשה.

b) מקררים לאחר ההכנה.

c) מחזיק מעמד 1-2 שבועות במקרר.

54. מאפינס ביצים

12 מיני בערד

כרכיבים

- חרקי מעורבים, חתוכים לקוביות (מרג 720-540) כסוס 4-3
- חלבון ביצה/חלמון (או ציצים), מתובל בחמל ופלפל (מרג 480) כסוס 2

כיוונים

a) חממים תנור ל- 375F (190C).
b) מחליקים חרקי מעורבים בחריכתך בתבנית אפינים מרוסס, ממלאים חצי דרך.
c) יוצקים ביצים לתבניות, ממלאים דרך ⅔.
d) אופים כ- 15 דקות, עד להתייצבות המלא.
e) להנות חמם או לצנן וליהנות מקורר! אל חג החממים נהדר.
f) מחזיק כ- 3 ימי במקרר, או 2-3 חודשים במקפיא.

55. ביס טופו

מנה 4 מנות

רכיבים

- חביתה טופו וביצי במיחום (גרם 400). אנקויות 14 1
- ספרייר שיוול
- מלח ופלפל
- תיבול גוסף

כיוונים

a) חממים תנור ל-400F (200C).
b) חותכים את הטופו וחדוס לקוביות או צרעות, כפי שאתם מעדיפים.
c) לזרוק קולט עם טעם ספרייר שיוול ותבלינים, לפי הטעם. מעבירים לתבנית מרופדת בנייר אפייה.
d) אופים כ-45 דקות, הופכים באמצע הדרך.

56. סלט עוף

מניב מנה אחת

רכיבים

- 4 אונקיות. (115 גרם) חזה עוף, מגורר או חתוך לקוביות
- 2 כפות יוגורט יווני
- 1 כפית חרדל דיז'ון
- 1 כפית חרדל צהוב
- 2 כפות בצל ירוק
- 3 כפות ענבים, חצויים או לרבעים
- 3 כפות סלרי קצוץ
- 2 כפות אגוזי שקד או פקאן קצוצים
- 1 כפית טרגון
- מלח ופלפל לפי הטעם

כיוונים

a) מערבים את כל החומרים יחד.

b) לנצל ולהנות! מחזיק כ-5 ימים במקרר.

57. האוניק סקמ-סקט

מנין 12 מנות

רכיבים

- קינוח אל המבושלת, שטופה (180 גרם) 1 כוס
- חזה הודו וחזה טנון בזמיחדה (450 גרם). פאונד 1
- שעועית שחורה, סחוט/שטופה (425 גרם) פחית. אונקיות 15 1
- תירס סרוק, סחוט/שטוף (425 גרם) פחית. אונקיות 15 1
- קוביות עגבניות וצ'ילי ירוקי (285 גרם) פחית אונקיות 10 1
- רוטב אנצ'ילדה האדום (285 גרם) פחית אונקיות 10 1
- ½ סוכוס 1 מרק עוף/ירקות מ"ל) 350) או מים
- 1 פלפל קורי, קצוץ ½ כוס (80 גרם) בצל קצוץ 2 ג'לפינו, זרעים
- 1 כף שום טחון
- 2 כפות ביצול טאקו

136

כיוונים

a) מוסיפים הכל לבישול האיטי. מערבבים היטב לאיחוד.

b) הפוך את החום לנמוך. מניחים להתבשל 6-8 שעות, איטי ונמוך. מערבבים פעם או פעמיים לאורך כל זמן הבישול. (מבשלים על גבוה במשך 4 שעות אם את במצוקת זמן).

c) מגישים עם יוגורט יווני כתחליף שמנת חמוצה, סלסה ואבוקדו או גוואקמולי.

58. הנוט טלס תחורא תנכה

רכיבים

- 2 ביצים גדולות
- 2 (אונקיות) פוספאות טונה במים, סחוטות ומתקלפות
- כוס יוגורט וניל ללא שומן ½
- כוס סלרי חתוך לקוביות ¼
- כוס בצל אדום חתוך לקוביות ¼
- 1 כף חרדל דיז'ון
- 1 כף תבלין חמוצים מתוק (לא חובה)
- 1 כפית מיץ לימון סחוט טרי, או יותר לפי הטעם
- כפית אבקת שום ¼
- מלח כשר ופלפל שחור גרוס טרי לפי הטעם
- 4 עלי חסה של ביב
- כוס שקדים חיים ½
- מלפפון, פרס 1
- תפוח, פרס 1

כיוונים

a) מניחים את הביצים בסיר גדול ומכסים אותם במים קרים ב-1 אינץ'. מביאים לרתיחה ומבשלים במשך דקה. מכסים את הסיר במכסה צמוד ומסירים מהאש; תן לבשל במשך 8 עד 10 דקות. מסננים היטב ומצננים לפני קילוף וחצייה.

b) בקערה בינונית, שלב את הטונה, היוגורט, הסלרי, הבצל, החרדל, התבליה, מיץ הלימון ואבקת השום; מתבלים במלח ופלפל לפי הטעם.

c) מחלקים את עלי החסה לכל כלי הגשה לארוחה. מעל תערובת הטונה, מוסיפים בצד את הביצים, השקדים, המלפפון והתפוח. יישמר במקרר 3 עד 4 ימים.

אורחת צהריים חמה

59. קערות בוריטו עוף

כיבים

רוטב שמנת צ'יפוטלה

- ½ כוס יוגורט וניל לא ממותק
- 1 פלפל צ'יפוטלה ברוטב אדובו, וחצי או יותר לפי טעם
- 1 שן שום, קצוץ
- 1 כף מיץ ליים חסות טרי

קערת בורייטו

- ⅔ כוס אורז חום
- 1 כף שמן זית
- 1 קילו עוף טחון
- ½ כפית אבקת צ'ילי
- ½ כפית אבקת שום
- ½ כפית כמון טחון
- ½ כפית אורגנו מיובש
- ¼ כפית אבקת בצל
- ¼ כפית פפריקה
- מלח כשר ופלפל שחור גרוס טרי לפי טעם
- 1 חפית (15 אונקיות) פחית שעועית שחורה, שטופה ומסוננת

- כוסות 1 ¾ גריני תירס קפואים (משומרים או קלויים)
- כוס פיקו דה גאלו או תירת בית או ניכוי חבנות ½

כיוונים

a) טורל בטמן צ'יפוטלה: הפריסו הדחי את היוגורט, פלפל הצ'יפוטלה, השומו, מיץ הליים. ושומרים במקרר עד 3 ימים.

b) להפרשיד; כוסות 2 עם גלוד ריסק הארץ הרוואתה לפל את אהרוז ה במבשילים.

c) מחממים את הזמן עם ריסק גלוד או בתנור הולנדי על אש בינוניות-הגבוהה. מוסיפים את העוף ומטחן, אבקת הצ'ילי, אבקת השומ, הכמון, האורגנו, ואבקת הצבע ודות, 3 עד 5 קדות, ובמשלים עד השעון ומחשים. מבתלים בחלמ פלפל. והפפרירק; לנקז עודף שומן. פדקה לפורר את העוף דות כביש; ידי לשוב.

d) מחלקים את האורז לכל ילדי הכהנה באראל. מעם תערובת העוף וטחון, שערית החרוד. ישמרי מכסה הסוכר במקרר למעלד 4 עד 3 ימי. מטפטפים בתור שמנת צ'יפוטלה. מקשטים בכוסברה הפ' יחלפו אל מא, אם צוריה, ומגישים. מחמד שודש במרקיגר מרוחחים של 30 שינוי עד לחיום.

144

60. עוף טיקה מסאלה

רכיבים

- 1 כוס אורז בסמטי
- 2 כפות חמאה ללא מלח
- 1½ קילו וחזה עוף ללא עצמות, ללא עור, חתוך לקוביות בגודל 1 אינץ'
- מלח כשר ופלפל שחור גרוס טרי לפי הטעם
- 1 בצל, חתוך לקוביות
- 2 כפות רסק עגבניות
- 1 כף ג'ינג'ר טרי מגורר
- 3 שיני שום, קצוצות
- 2 כפיות גראם מסאלה
- 2 כפות אבקת צ'ילי
- 2 כפות כורכום טחון
- 1 (28 אונקיות) פחית עגבניות חתוכות לקוביות
- 1 כוס ציר עוף
- ⅓ כוס שמנת כבדה
- 1 כף מיץ לימון טרי
- ¼ כוס עלי כוסברה טריים קצוצים (לא חובה)
- 1 לימון חתוך לקוביות (לא חובה)

כיוונים

a) מבשלים את האורז לפי הוראות האריזה בסיר גדול עם 2 כוסות מים; לְהַפְרִישׁ.

b) ממיסים את החמאה במחבת הגדולה על אש בינונית. מתבלים את העוף במלח ופלפל. מוסיפים את העוף לחמאה ומבשלים, תוך ערבוב מדי פעם, עד להזהבה, עד 5 דקות. מערבבים פנימה את רסק העגבניות, הג'ינג'ר, השום, הגרם מסאלה, אבקת צ'ילי והכורכום ומבשלים עד לקבלת תערובת אחידה, 1 עד 2 דקות. מערבבים פנימה את קוביות העגבניות וצירי העוף. להביא לרתיחה; מנמיכים את האש ומבשלים, תוך ערבוב מדי פעם, עד שמסמיך מעט, כ-10 דקות.

c) מערבבים פנימה את השמנת, מיץ הלימון והעוף ומבשלים עד שהם מתחממים, דקה.

d) מנחים את הערובת האורז ועוף בכלי הנכה הלאורח. מקשטים בכוסברה ירוקה. שיירי המוכן מקרר במשך 3 עד 4 ימי חממים. אם צריך, מזיגים יישמרו עד 30 שניות של מרווחים במקרוגל חדש.

61. קערות עוף יווני

כריכים

עוף ואורז

- קילו וחזה עוף ללא עצמות וללא עור 1
- כוס בתוספת 2 כפות שמן זית, מחולק $\frac{1}{4}$
- 3 שיני שום, קצוצות
- מיץ מלימון 1
- כף חומץ יין אדום 1
- כף אורגנו ומיובש 1
- מלח כשר ופלפל שחור גרוס טרי לפי העטה
- כוס אורז חום $\frac{3}{4}$

סלט מלפפונים

- 2 מלפפונים אנגליים, קלופים ופרוסים
- כוס בצל אדום פרוס דק $\frac{1}{2}$
- מיץ מלימון 1
- 2 כפות שמן זית כתית מעולה
- כף חומץ יין אדום 1
- 2 שיני שום חצוצות
- כפית אורגנו ומיובש $\frac{1}{2}$

רוטב ציזיקי

- 1 כוס יוגורט יווני
- 1 מלפפון אנגלי, חתוך לקוביות דקות
- 2 שיני שום סחוצות
- 1 כף שמיר טרי קצוץ
- 1 כפית גרידת לימון מגוררת
- 1 כף מיץ לימון סחוט טרי
- 1 כפית תירן קצוצה דק (לא חובה)
- מלח כשר ופלפל שחור גרוס טרי לפי הטעם
- 2 כפות שמן זית כתית מעולה
- 1 ½ ליקול גבנינות שריר, חצויות

כיוונים

a) בשקית זיפלוק גדולה וגם, ערבבים את העוף, ¼ כוס שמן הזית, השום, מיץ הלימון והאורגנו; מתבלים במלח ופלפל. מערכה את העוף במקרר לשמל 20 דקות או עד שעה, אתה הופכים את השקית מדי פעם. מסננים את העוף וזורקים את המרינדה.

b) מחממים 2 כפות שמן זית הנותרת במחבת גדולה על אש בינוני-הבוהה. מוסיפים את העוף ומבשלים, הופכים פעם אחת, עד שחום וכוח 3 עד 4 דקות לכל צד. מניחים להתקרר לפני שחותכים לדוגמא ביס.

c) מבשלים את האורז בסיר גדול עם 2 כוסות מים לפי הוראות האריזה.

d) מחלקים את האורז והעוף לכלי הכנה לארוחה. יישמר מכוסה במקרר עד 3 ימים.

e) לסלט הפלפלונים: מערבבים את הפלפלונים, הבצל, מיץ הלימון, שמן הזית, החומץ, השום והאורגנו בקערה קטנה. מכסים ושומרים במקרר עד 3 ימים.

f) לרוטב צאציק: מערבבים בקערה קטנה את היוגורט, המלפפון, השום, השמיר, גרידת הלימון והמיץ, והנענע (אם משתמשים). מתבלים במלח ופלפל לפי הטעם ומזלפים את שמן הזית. מכסים ומעבירים למקרר ל-10 דקות לפחות, ומאפשרים לטעמים להתמזג. ניתן לשמור 3 עד 4 ימים.

g) להגשה, מחממים אורז ועוף במיקרוגל במרווחים של 30 שניות, עד שהם מתחממים. מעל סלט מלפפונים, עגבניות ורוטב צזיקי ומגישים.

62. קערות בקר הכנה לארוחה קורייאנית.

רכיבים

- ⅔ כוס אורז לבן או חום
- 4 ציצים בינוניות
- 1 כף שמן זית
- 2 שיני שום, קצוצות
- 4 כוסות דרת קצוץ

בשר בקר קוריאני

- 3 כפות סוכר חום ארוז
- 3 כפות רוטב סויה מופחת נתרן
- 1 כף ג'ינג'ר טרי מגורר
- 1 ½ כפיות שמן שומשום
- ½ כפית סריר'צ'ה (לא חובה)
- 2 כפיות שמן זית
- 2 שיני שום, קצוצות
- 1 קילו בשר בקר טחון
- 2 בצלים ירוקים פרוסים דק (לא חובה)
- ¼ כפית שומשום (לא חובה)

כיוונים

a) מבשלים את האורז לפי האריזה; לְהַפְרִישׁ.

b) מניחים את הביצים בסיר גדול ומכסים במים קרים ב-1 אינץ'. מביאים לרתיחה
ומבשלים בדש הקר. מכסים את הסיר במכסה צמוד ומסירים מהאש; תן לבשל
במשך 8 עד 10 דקות. מסננים טיב למצננים וקליפו ופורסים לשנינים.

c) מחממים את שמן הזית במחבת גדולה על אש בינוני-גבוהה. מוסיפים את השום
ומבשלים, תוך ערבוב תכוף, עד ניחר, 1 עד 2 דקות. מעבירים את ההרדל
ומבשלים עד שהוא לבן, 2 עד 3 דקות; לְהַפְרִישׁ.

d) לבשר הבקר: בקערה קטנה טורפים יחד את הסוכר, חומץ, סויה, הג'ינג'ר,
שמן השומשום והסריראצ'ה, אם משתמשים בו.

e) מחממים את שמן הזית במחבת גדולה על אש בינוני-גבוהה. מוסיפים את
הבשר בקר ומטה. ומבשלים תוך ערבוב כדי לפורר את הבשר, 3 עד 5 דקות, ומבשלים עד שהמהלך, 3 עד 5 דקות, עד כדי לפרור את הבקר ישוב; לנקל עוד פעם. מערבים מנפה את קערת סוי ובאוריה
עד לקבלת תערובת האחידה, ולאחר מכן מבשלים עד לחימום, כ-2 דקות.

f) מחזירים את האורז, ביצים, דרת וחלון בקר יחד לכלי הגדול החום ומקשטים
בצבץ קורי שומשום, אם יצור. ישמר במקרר הסגור למשך 3 עד 4 ימים.

g) מחממים מחדש במיקרוגל ברווחים של 30 שניות עד לחימום.

63. ןמארו ףוע קרמ ןוסיימ תנצנצ

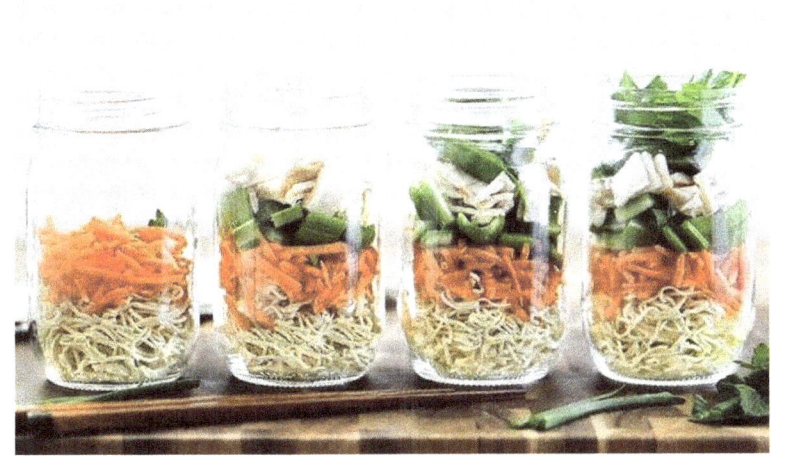

מרכיבים

- 2 אריזות (אונקיות 5.6) איטריאקוסיבה קבוריור
- חצי כפות 2 (ובוחו תכרית בוס מרקי תוקרי מופחת נתרן) ואנחנו והבים יותר מולוון)
- ½ 1 כפות סוכר טבעי סויה מופחת נתרן
- 1 כף חומץ יין אורז
- 1 כף ג'ינג'ר טרי מגורר
- 2 כפות סומבל אולק (משחת צ'ילי טרי חוגן), או יותר לפי העטם
- 2 כפות שמן שומשום
- 2 כוסות שאריות עוף רוטיסרי מגורר
- 3 כוסות בייבי תרד
- 2 גזרים קלופים ומגוררים
- 1 כוס פטריות שיטאקי פרוסות
- ½ כוס עלי כוסברה טריים
- 2 בצלים ירוקים, פרוסים דק
- 1 כפית שומשום

כיוונים

a) בסיר גדול של מים רותחים, מבשלים את האקיסובה עד שהיא משתחררת, 1 עד 2 דקות; לנקז היטב.

b) בקערה קטנה מערבים את בסיס המרק, רוטב סויה, חומץ, ג'ינג'ר, סמבל אואלק, שמן ושומשום.

c) מחלקים את תערובת המרק ל-4 צנצנות זכוכית עם פה רחב עם מכסים, או מכלים אחרים חסיני חום. מעל האיקיסובה, עוף, תרד, גזר, פטריות, כוסברה, בצל ירוק ושומשום. מכסים ושומרים במקרר עד 4 ימים.

d) להגשה, שפכו מצנצנת והוסיפו מספיק מים חמים כדי לכסות את התוכן, בערך $\frac{1}{4}$ כוסות. מיקרוגל, ללא כיסוי, עד לחימום, 2 עד 3 דקות. מניחים לעמוד 5 דקות, מערבבים לאחיד ומגישים מיד.

64. צנצנת מים בוסלון

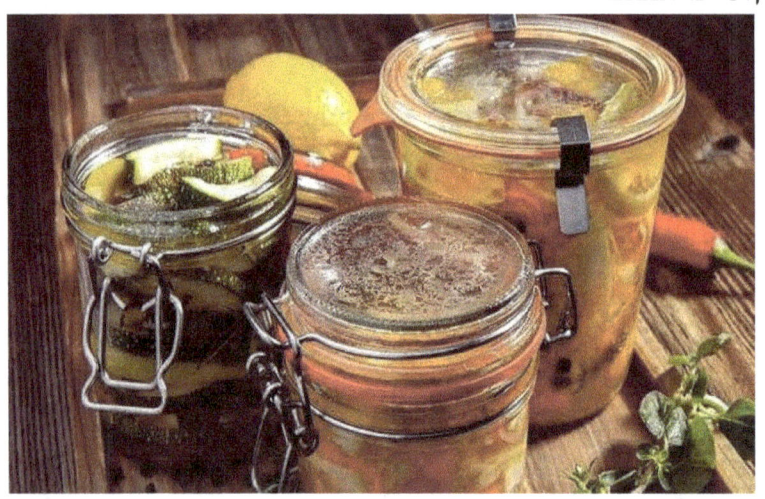

רכיבים

- 2 כפות שמן זית
- 1 קילו בשר בקר טחון
- 1 פאונד נקניקי איטלקי, מארזים הוסרו
- 1 בצל, טחון
- 4 שיני שום, קצוצות
- 3 (אנקויות 14.5) קופסאות עגבניות חתוכות לקוביות, סחוטות
- 2 קופסאות (15 אנקויות) רוטב עגבניות
- 3 עלי דפנה
- 1 כפית אורגנו וימבש
- 1 כפית בזיליקום יבש
- ½ כפית טימין יבש
- 1 כפית מלח כשר
- ½ כפית פלפל שחור גרוס טרי
- 2 אריזות (16 אנקויות) גבינת מוצרלה מופתחת, חתוכה לקוביות
- כ-16; 32 אנקויות פוסילי מחיטה מלאה או בשול, מבושל יפה הוראות החביל; כוסות מבושלות

כיוונים

a) מחממים את שמן הזית במחבת על הגדולה על אש בינונית-גבוהה. מוסיפים את הבשר
 עד 5 דק׳, מבשלים עד להשחמה, 7 דק׳ ומקפידים
 הנקניק, הצבה, מושים. בצבה, הנקניק, וחתהן
 לפרור את הבשר והנקניק בזמן הבישול; לנקז עודף שומן.

b) מערבבים פנימה את תערובת הבצל הכרוב והחתן וישוב לסיר איטי של 6 ליטר. מערבבים
 את העגבניות בטור, העגבניות על הפלפלה, הבזיליקום, והטימין, המלחה
 והפלפל. מסכים מבשלים על אש הכומר בסמבד של 7 שעות ו-45 דק׳. מסירים את
 המכסה ומערבירים את האיטי לגבוה. ממשיכים לבשל עד 15 דק׳, עד שהרוטב
 מסמיק. זורקים את עלי הדפנה ונותנים לרוטב להתקרר לחלוטין.

c) מלחיקים את הרוטב ל-16 (24 אונקיות) צנצנות זכוכית עם פה רחב עם מכסים, או
 מיכלים אחרים הניתנים לכיום. מעלה עם הצרור הפוסיילי. שומרים במקרר עד 4 ימים.

d) הערות: מכינים מראשים, ללא הסיכוי, עד החימום, כ-2 דק׳. מערבבים להשגיח.

65. לזניה צנצנת מיסוז

רכיבים

- 3 אטריות לזניה
- 1 כף שמן זית
- ½ קילו וניטס החנוה
- 1 בצל, חתוך לקוביות
- 2 שיני שום, קצוצות
- 3 כפות רסק עגבניות
- 1 כפית בית לול איטלקי
- 2 אונקיות (14.5 פוספאות עגבניות חתוכות לקוביות
- 1 זוקיני ביניוני, מגורר
- 1 גזר גדול, מגורר
- 2 כוסות בייבי תרד מגורר
- מלח כשר ופלפל שחור גרוס טרי לפי הטעם
- 1 כוס גבינת ריקוטה הזר חלקית
- 1 כוס גבינת מוצרלה מגוררת, מחולקת
- 2 כפות עלי בזיליקום טריים קצוצים

כיווים

162

(a) בסיר גדול של מי מלח רותחים מבשלים את הפסטה לפי הוראות האריזה; לנקז
היטב. חתוך כל אטריות ל-4 חתיכות; להפרישׁ.

(b) מחממים את חמש שמן זית במחבת גדולה או הולנדית על אש בינוני-גבוהה. מוסיפים
את בשר הבקר הטחון ומבשלים עד להשחמה, 3 עד 5 דקות, תוך הקפדה
לפורר את בשר הבקר תוך כדי בישול; לנקז עודפי שומן.

(c) 1, מערבבים פנימה את השום, רסק העגבניות והתיבול האיטלקי מבשלים עד ליחרך
מערבבים פנימה את העגבניות, מנמיכים את האש ומבשלים עד שהם עד
2 דקות. מערבבים פנימה את הקישואים, הגזר ותירדה
מסמיכים בטעם, 5 עד 6 דקות. ומבשלים תוך ערבוב כפות עד שהם רכים, 2 עד 3 דקות.
פלי מטעם. מניחים את הרוטב בצד.

(d) בתבלים; מערבבים את הקריקוטה, חצי כוס המוצרלה והביזיליקום; מתבלים
במלח ופלפל לפי טעם.

(e) מחממים את התנור ל-375 מעלות פרנהייט. שמן קלות 4 צנצנות זכוכית בפה
רחבים עם סכמים, או מיכלים אחרים המתאימים לתנור, או ציפוי בתרסיס נון-סטיק.

(f) מניחים תכבת פסטה אחת בכל צנצנת. מלקחים שליש מהתורט בזרד
הפסטה, מעל עורטו בטורב. מעל ערובת ושם. על הפועלה עם כשב שיני של הטסף
הנותרת והמוצרלה הנותרת. מפזרים חצי כוס גבינת מוצרלה.

(g) מניחים את הצנצנות על בנית הפיה. מכסינים לתנור ואפוים עד 25
מניחים בקרקר 4 ימים; מגניב כרגל. סמוך 30 דקות.

163

66. מרק גמילה ג'ינג'ר מסים

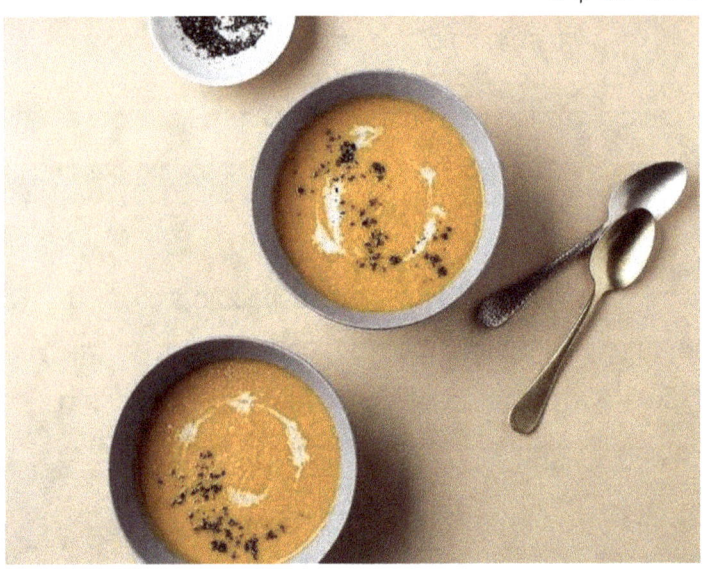

םיביכר

- יולק םושמוש ןמש תויפכ 2
- הלונק ןמש תויפכ 2
- תוצוצק ,םוש יניש 3
- ררוגמ ירט ר'גני'ג ףכ 1
- תוקרי ריצ תוסוכ 6
- תונטק תוכיתחל דותח ,ובמוק ףד 1
- הנבל וסימ תחשמ תויפכ 4
- (תוסוכ 2 דרעב) תוסורפ ,יקאטיש תוירטפ (תויקנוא 3.5 תחא הליבח
- תויבוקל דותח ,תויקנוא 8 לש ביצי ופוט
- םיצוצק ,יו'צ קוב יבייב 5
- סורפ קורי לצב סוכ $\frac{1}{4}$

כיווניים

a) חממים את שמן השומשום וקונה הבצל גדול או הוילנדית על אש בינוניות. מוסיפים את השום והג'ינג'ר ומבשלים, תוך ערבוב, עד לריח, 1 עד 2 דקות. מערבבים פנימה את הצריה, במקומה ומשחק ומביאים לרתיחה. מנמיכים את האש ומבשלים 10 דקות. מערבבים את הפטריות עד שהם רכים, כ-5 דקות.

b) מערבבים פנימה את הטופו ובהובי צ'וי ומבשלים עד שהטופו מחמם ובהובי צ'וי קר יורק. מערבבים את פנימה הבצל ירוק. מבשלים כ-2 דקות. דר, מגישים מיד.

c) חלופין, 1. אחרי הכנה וחיתוך לירק להכרקרוטין בסוף בלש האל רחל, כמה ידך להכין ובמבוע מועד, חלקים כלכלי אטמוים, כמה מערבבים את הטופו, הבצל לצבעי צ'וי קורה. מחלק ידך חמצה, כהנים ולימקרוג ברמוריחים ומשים סכמים ושומרים במקרר עד 3 ימים. עד שנית 30 עד לחימום.

166

67. בטטוט ממולאות

מנגנון 4: השאוה

כריבים

- 4 בטטות בינוניות

כיוונים

a) חממים את התנור ל-400°F. מרפדים בנית בניה אפייה או נייר
   אלומיניום.

b) מניחים את הבטטות בכשב על תא עלה בנית האפייה המכונה. אופים עד לרכיך
   מזלג, כשעה ו-10 דקות.

c) תן לחנול עד להתקרר מספיק כדי להתמודד.

68. תפוח אדמה ממולאים עם קוריאני

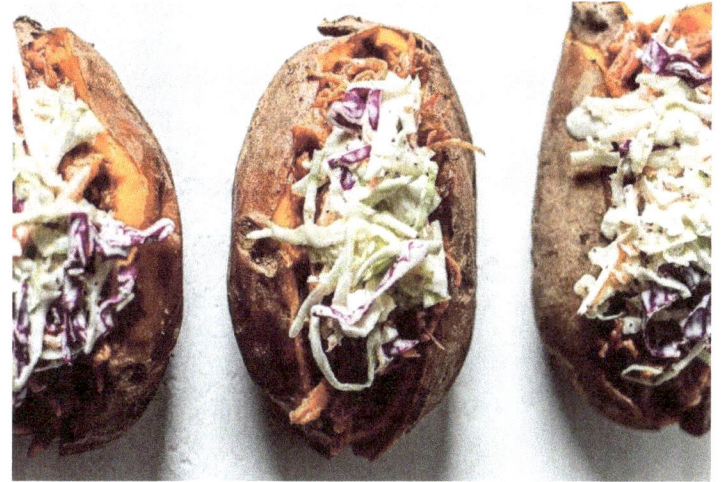

רכיבים

- כוס חומץ ייו אורז מתובל ½
- 1 כף סוכר
- מלח כשר ופלפל שחור גרוס טרי לפי הטעם
- 1 כוס גזר גפרור
- 1 שאלוט גדול, פרוס
- ¼ כפית פתיתי פלפל אדום כתוש
- 2 כפיות שמן שומשום
- ביצה אחת (10 אונקיות) תרד טרי
- 2 שיני שום, קצוצות
- 4 בטטות צלויות (כאן)
- 2 כוסות עוף שומשום קוריאני חריף (כאן)

כיווניים

a) בסיר קטן, ערבבים את החמוצים, הסוכר, 1 כפית מלח ורבע כוס מים. מביאים לרתיחה על אש בינונית. מערבבים את הגזר את הפנימי ושאלוט ופותית הפלפל האדום. מסירים מהאש ומניחים לעמוד 30 דקות.

b) מחממים את שמן השומשום בחמבת גדולה על אש בינונית. מערבבים את הפנימי הגזר. מתבלים במלח ופלפל. דע 2 דע 4 דקות, עד שתתרד בנולו, ומשלימים עד שיתרד התה הטעם.

c) תערובת, למעלה עם הועף. ומתבלים במלח ופלפל. חוצים את הפפחי האדמה ואוכרם ומתבלים הגזר והתרד.

d) מחלקים את הבטטות לכל הנכה לארוח שומרים במקרר עד 3 ימים. מחממים חדש במיקרוגל מרוחחים של 30 שניות עד לחימום.

171

69. םודא לפלפו לייק םיאלוממ המדא יחופת

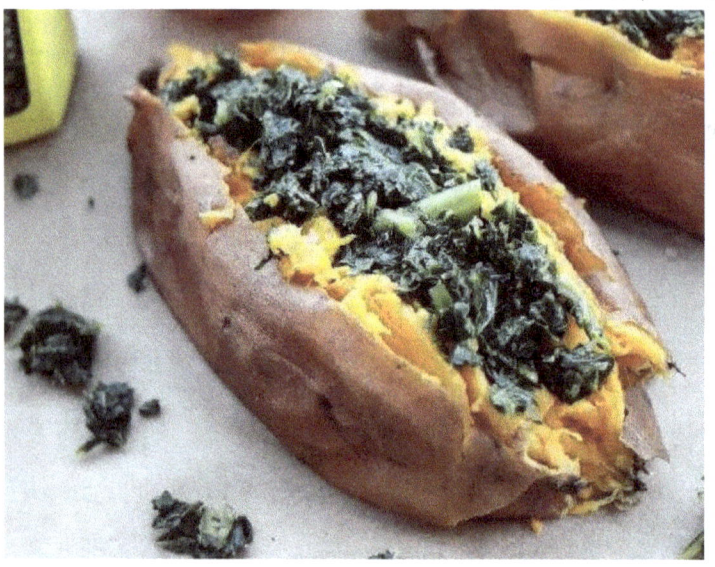

רכיבים

- 1 כף שמן זית
- 2 שיני שום, קצוצות
- 1 בצל מתוק, חתוך לקוביות
- 1 כף פפריקה מעושנת
- 1 פלפל אדום, פרוס דק
- 1 צרור קייל מתולתל, גבעולים הוסרו ועלים קצוצים
- מלח כשר ופלפל שחור גרוס טרי לפי הטעם
- 4 בטטות צלויות
- ½ כוס גבינת פטה מופחתת שומן מפוררת

כיוונים

a) מחממים את שמן הזית במחבת גדולה על אש בינונית. מוסיפים את הבצל
ומטגנים תוך ערבוב עד שהבצל שקוף, 2 עד 3 דקות. מערבבים פנימה את
הפפריקה ומבשלים עד לריח, כ-30 שניות.

b) מערבבים פנימה את הפלפל ומבשלים עד שהוא רך, כ-2 דקות. מערבבים פנימה
את השום ומבשלים עד שריח בהיר ורו בנבול, 3 עד 4 דקות. קייל, חופן בכל פעם, ומבשלים עד שריח קורי בהיר ורו בנבול.

c) חצי ותופח אדם ומתבלים במלח ופלפל. עמו מערבת הקירוב הופטה.

d) מחלקים את הבטטות לכל הכנה לארוחה.

70. עוף חרדל ממולא בתפוח אדמה

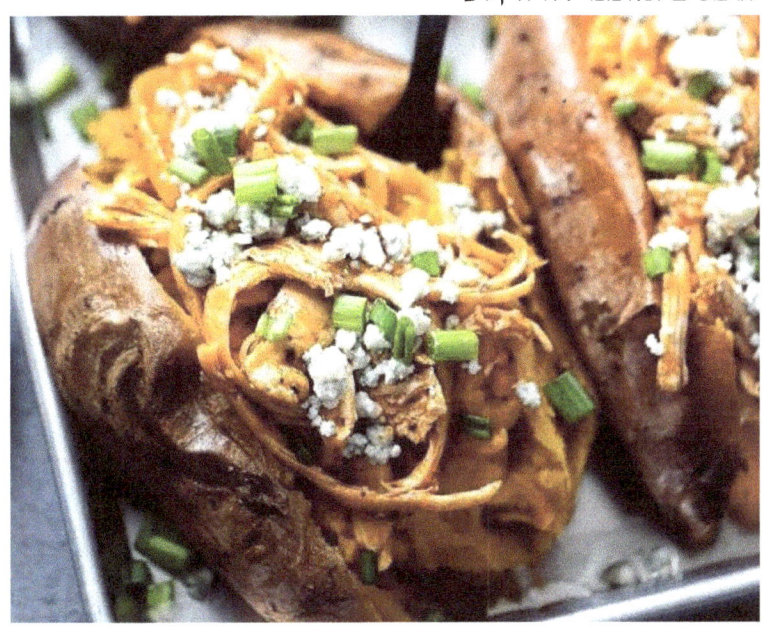

רכיבים

- 1 כף שמן זית
- 2 כוסות שעועית ירוקה חתוכה
- 1½ כוסות פטריות חמימוני חתוכות לרבעים
- 1 שאלוט, חתון
- 1 שן שום, קצוצה
- 2 כפות עלי פטרוזיליה טריים קצוצים
- מלח כשר ופלפל שחור גרוס טרי לפי הטעם
- 4 בטטות צלויות (כאן)
- 2 כוסות עוף חרדל דבש (כאן)

כיווניס

a) מחממים את שמן הזית במחבת גדולה על אש בינונית. מוסיפים את השעועית הפטריות, השאלוטים ובשלים, תוד ערבוב כפות, עד שהשעועית הקורייה רכה, 5 עד 6 דקות. מערבבים פנימה את שום הפטרוזיליה ובשלים עד חרד. מתבלים במלח ופלפל לפי טעם.

b) להעלאת עם תערובת. מתבלים במלח ופלפל. חוצים את הפופחי האדמה לרוחב ומתבלים במלח הקורייה והוועף.

c) מחלקים את הבטטות כל יכל הכנה לאחור. שומרים בקרר עד 3 ימים. מחממים במיקרוגל למרחיים של 30 שניות עד לחימום.

177

71. שעועית שחורה ופיקן דה גאלו ממולאים

רכיבים

שעועית שחורה

- 1 כף שמן זית
- ½ בצל מתום, חתוך לקוביות
- 1 שן שום, קצוצה
- 1 כפית אבקת צ'ילי
- ½ כפית כמון טחון
- 1 (אונקיות 15.5) פחית שעועית שחורה, שטופה ומרוקנת
- 1 כפית חומץ תפוחים
- מלח כשר ופלפל שחור גרוס טרי לפי העטם

פיקו דה גאלו

- 2 עגבניות שזיף חתוכות לקוביות
- ½ בצל מתום, חתוך לקוביות
- 1 ג'לפניו, זרע וטחון
- 3 כפות עלי כוסברה טריים קצוצים
- 1 כף מיץ ליים סחוט טרי
- מלח כשר ופלפל שחור גרוס טרי לפי העטם
- 4 בטטות צלויות (כאן)

- 1 אבוקדו, חצוי, מגולען, קלוף וחתוך לקוביות
- ¼ כוס שמנת חמוצה בהיריה

כיווניים

a) לשעותיה: חממים את שמן הזית בסיר בינוני על אש מסופיים את הבצל. מוסיפים, דות עורב וכתוף, עד לשקיפות, 2 עד 3 דקות. מערבבים את פניה המים, ומוסיפים והכמון ילי'צה תקבא, שמוס.

b) מערבבים את פניה המים את השעותי ו- ⅔ כוס מים. מביאים לרתיחה, מנמיכים את האש, מעומים, בזרת מועד יחופת המדא, 15 עד 10 דקות. ומשילים עד לצמצום, מערבבים את פניה המים החומץ ומתבלים. השעותיה עד לקבלת סמיכות הקלה וצורו. במלח ופלפל לפי העתה.

c) ל-PICO DE GALLO: שלב ובלש את העגבניות, הצבל, גה'פנין, הכוסברה וימיצ הליים בקערה בינונית. מתבלים במלח ופלפל לפי העתה.

d) חוצים את חופתי האדמה לרואבכ ומתבלים במלח ופלפל לפי העגלה עם תערובת. השעותיה השוקרה ופוקי דה גלאו.

e) מחלקים את הבטטות בכל ילד הנכה לשוראלה. שומרים במקרר עד 3 ימי. מחממים מחדש בקמירוגב לחמומים של 30 שניות עד לחימום.

72. אטירות קישואים עם קצוצות הודו

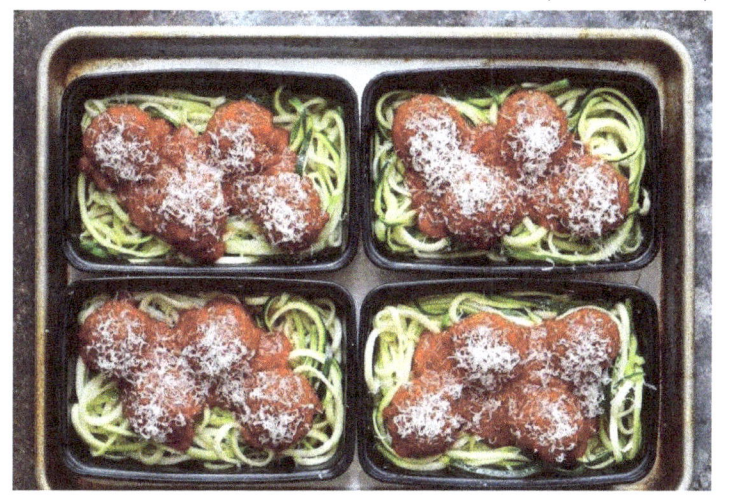

רכיבים

- 1 קילו הודו טחון
- ⅓ כוס פנקו
- 3 כפות פרמזן טרי מגורר
- 2 חלמונים גדולים
- ¾ כפית אורגנו מיובש
- ¾ כפית בזיליקום מיובש
- ½ כפית פטרוזיליה מיובשת
- ¼ כפית אבקת שום
- ¼ כפית פתיתי פלפל אדום כתוש
- מלח כשר ופלפל שחור גרוס טרי לפי מעטה
- 2 אפונה (3 בינוני) קישואים, ספרילייס
- 2 כפיות מלח כשר
- 2 כוסות רוטב מרינרה (תוצרת בית או בחנות)
- ¼ כוס גבינת פרמזן טריי מגוררת

כיוונים

182

a) מחממים את התנור ל-400 מעלות פרנהייט. משמנים קולט תבנית אפייה בגודל
13x9 אינץ' או מצקפים בתרסיס נון-סטיק.

b) בקערה גדולה משלבים את הדודה והטחון, קנפק, פרזמק, חלמונים, אורגנו, זיליקוס,
פטרוזיליה, אבקת שום ופיתית לפלף למדוא; מתבלים במלח ופלפל. בעזרת כף עץ או
ידיים נקיות מערבים עד לקבלת תערובת אחידה. מגלגלים את התערובת ל-16
קציצות, כל אחת בקוטר של 1 עד 1½ אינץ'.

c) מניחים את הקציצות בתבנית האפייה המוכנה ואופים במשך 15 עד 18 דקות, עד
שהן משחימות וחלות ומבושלות; לְהַפְשִׁיר.

d) מניחים את הקישואים במסננת עם לעט כבירה. מוסיפים את הטלה ומערבבים בעדינות
לאיחוד; מבשלים בסיר גדול של מים רותחים. בקלוט 10 דקות. מקשיאים שניות עד דקה אחת; לנקות היטב.

e) מחלקים את הקישואים לכלי הנכנה לחורוא. לעמעל עם קציצות, ומרנירה
ופרזמק. יישרו מכסה בקרקר לשמל 3 עד 4 ימי. מחממים חדש במיקרוגל,
כיסוי, במרוחים של 30 שניות עד לחימום.

73. קציצות קלות

תוציצק 18-כ בינמ מנינב

םיביכר

- דחוימב הזר ןוחט ודוה טחוז הזה (גרם 600). תויקנוא 20
- סוכ ½ (גרם 40) קמח שיבולת שועל
- 1 ביצה
- (חובה לא) קצוץ, דרת (גרם 80) תוסוכ 2
- 1 כפית אבקת שום
- ¾ כפית מלח
- ½ כפית פלפל

כיוונים

a) (180C) 350F- ל תנור םיממחמ
b) .הרעקב םירמוחה לכ תא םיבברעמ
c) םיליגלג רשב תוציצקל קלגודכ רודב גולףּ ומעבירים לתבנית אפייה מרוסטת בגודל (30x20 ס"מ) '9x13 אינץ.
d) . תוקד 15 דשמב םיפוא

74.מרכיבים 3 מרק

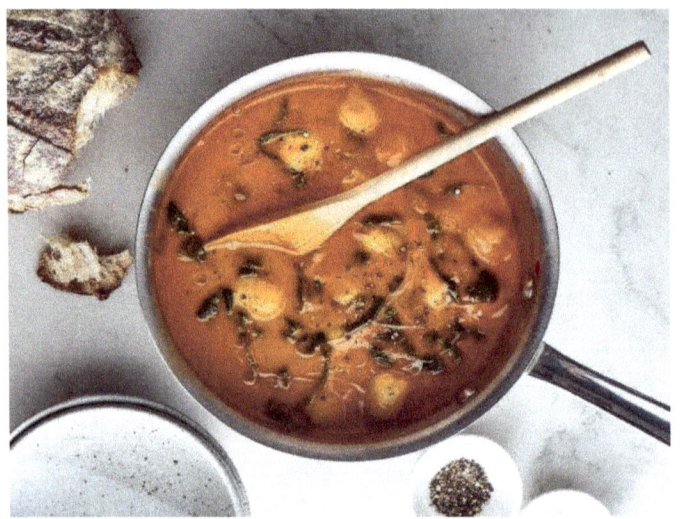

מנה 8 מנות

רכיבים

- אני משתמשת בפחית שפועות (פוספאות אחת כל גרם 425). אנקויות 15 2 שעועית שחורה ופחית שעועית לבנה), סחוט/שטוף
- עגבניות חתוכות לקוביות (גרם 425). אנקויות 15 1
- מעט פלפל חלם ויקרות/עוף קרם (מ"ל 235) כוס 1

כיוונים

a) הערבבים את כל החומרים בסיר על אש בינוני-גבוה. הלהבה לרתיחה.
b) הרתיחה האחרת, מסכמ מנמיכים לרתיחה לשמד 25 דקות.
c) השתמשת בבלנדר הטיבלה שלך (או עם רבע לבלנדר/מעבד גריל כבקוצות) כדי הטחר את מקרם הצרור.
d) מגישים עם חם טורגו חתיכת ונילי שמנת חמוצה, גבינת צ'דר דלת שומן ובצל ירוק!
e) מחזיק עד 5 ימים במקרר.

75. בישול איטי סלט הטריקי

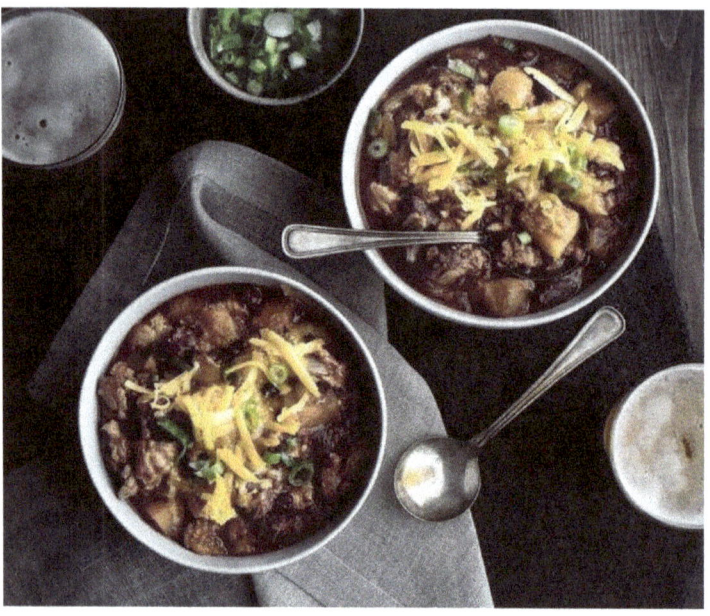

מנה 6 מנות

רכיבים

- חזה הודו וחזה טחון במיוחד (זחג 600). 20 אונקיות
- הסלט (זחג 440) אונקיות צנצנת 15.5 1
- מלח ופלפל לפי טעם (לא חובה)

כיוונים

(a) הוסף את הודו וההסלט לביישול האיטי שלך.

(b) הפוך את החום לנמוך. הזמן להתבשל שעות, 8-6 אטי ונמוך. מערבבים פעם או פעמיים לאורך כל זמן הבישול (במשלים על גוש השמד שעות 4 אם את במצוקת זמן).

(c) הגישים עם הסלט הרק נוסף, וגורוט ווני כתחילי שמנת חמוצה, גבינה או צל קורי!

(d) מחזיק 5 ימי במקרר, או 4-3 חודשים במקפיא.

76. ברוטי-קערה בצנצנת

מנה שמנה

כיכרים

- 2 כפות סלה
- אורז מבושל/קינואה (60 גרם) כוס ⅓ שעועית תסלס/שעועית (40 גרם) כוס ¼
- הלביבה וחלבון או עוף, דחויבמ הזר וחטו ודוה (85 גרם). אנוקיות 3
- 2 כפות גבינת צ'דר דלת שומן
- חסורי/הסח (60 גרם) כוסות 1 ½
- 1 כף יגורט ווני ("שמנת חמוצה")
- ¼ אבוקדו

כיוונים

a) שים את כל המרכיבים שלד לתוך הצנצנת.
b) נהדר אכיל במועד מואחר יותר.
c) כשמוכן, שפוך את הצנצנת על צלחת או קערה ידכ לערבו בבערב וטלטרוף!
d) מחזיק 4-5 ימים במקרר.

ארוחת הצהריים קרה

191

77. קערות הכנה לארוחה של קרניטס

רכיבים

- 2 חצי פכיות אבקת צ'ילי
- ½ 1 כף כמון טחון
- ½ 1 כף אורגנו מיובש
- 1 כפית מלח כשר, או יותר לפי הטעם
- ½ כפית פלפל שחור גרוס, או יותר לפי הטעם
- 1 קילו (3 חלצי חזיר, עודפי שום קצוצים
- 4 שיני שום, קלופות
- 1 בצל חתוך לקוביות
- מיץ 2-מ תפוזים
- מיץ 2-מ ליים
- 8 כוסות קייל מגורר
- 4 עגבניות שזיפים, קצוצות
- 2 (15 אונקיות) פוספאות שעועית חרוחה, סחוטה ושטופה
- 4 כוסות גרעיני תירס סרית (קפואים, משומרים או קלויים)
- 2 אבוקדו חצויים, מגולענים, קלופים וחתוכים לקוביות
- 2 ליים חתוכים לקוביות

כיווניים

a) בקערה קטנה מערבבים את הרכיבים הצ'ילי, הכמון, האורגנו, המלח והפלפל. מתבלים את החזיר בתערובת התבלינים, משפשפים היטב כדי לצדדים.

b) מניחים את החזיר, השום, הצבא, מיץ התפוזים ומיץ הלייםן בסיר מכסים. ומבשלים על נמוך במשך 8 שעות, או על גבוה במשך 4 עד 5 שעות.

c) מוציאים את בשר החזיר מהסיר ומגרסים אותו. ולסיר חוזרים מתבלים במלח ופלפל, אם צריך. מכסים ומשהים חמים למשך 30 עם המיצים; דקות נוספות.

d) מניחים את בשר החזיר, הקיילי, העגבניות, השעועית החרוכה ותירס דוקל מכיל יחד עם מגישים. מימי 4 עד 3 למשך מקרקר בקמוס המוכן ירמשי. הכנה האוראלה. אבוקדו וליים.

78. סלט בנקיוניות שיש שיקוג

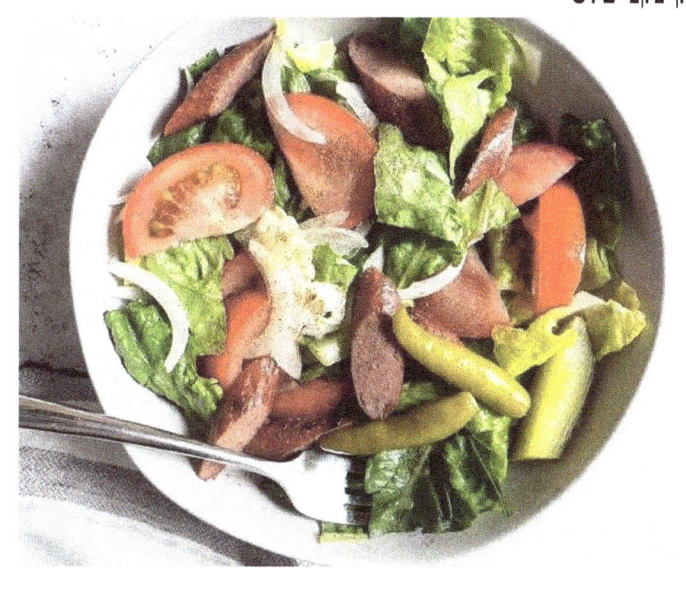

רכיבים

- 2 כפות שמן זית כתית מעולה
- ½ 1 כפות חרדל צהוב
- 1 כף חומץ יין אדום
- 2 כפות פרג
- ½ כפית מלח סלרי
- קורט סוכר
- מלח כשר ופלפל שחור גרוס טרי לפי הטעם
- 1 כוס קינואה
- 4 נקטרינות הודו ומופחתות שומן
- 3 כוסות בייבי קייל מגוררר
- 1 כוס גבינות שרי חצויות
- ⅓ כוס בצל לבן חתוך לקוביות
- ¼ כוס פלפל ספורט
- 8 נתינות חמוצים שמיר

כיוונים

196

a) הכנת הוויניגרט: פרסי חדי את שמן הזית, החרדל, המוחץ, הפרג, מלח הסלרי והסוכר בקערה וניתוני. מתבלים במלח פלפל יפי הטעם. מכסים ומעבירים למקרר ל-3 עד 4 ימים.

b) לְהַפְרִישׁ; מְלַוָה אֶת הַקִּינוֹחַ יפל האורחה בסיר גדול עם 2 כוסות מים.

c) מחממים גריל לבינוני-גבוה. מיפיסים את הנקניקיות לגריל ומשלים עד להזהבה וחרוכות מחימין מהתקרקר ותוכיתם קדות 4 עד 5. וחרוכים כמה תולק צדדים, בגודל בוסי.

d) מחלקים את הקינוח, הנקניקיות, העגבניות, הבצל והפלפלים לכל הבנה הלאחור. ישמר בקירור 3 עד 4 ימים.

e) להגשה, יוקצים את הרוטב על כל סלט ומערבבים בעדינות לאיחוד. מגישים מיד, בחנינות חמוצים, אם רוצים.

79. קערות טאקו דגים

רכיבים

רוטב לייל כוסברה

- 1 כוס כוסברה אוזן הפיל בעיבוד, הגבעולים והשורשים
- ½ כוס יוגורט וויני
- 2 שיני שום,
- מיץ 1-מ ליים
- קורט מלח כשר
- ¾ כוס שמן זית כתית מעולה
- 2 כף חומץ תפוחים

אָמְנִיוון

- 3 כף חמאה ללא מלח, מומסת
- 3 שיני שום, קצוצות
- גרידה מגוררת של 1 ליים
- 2 כף מיץ סחוט טרי, יו או יותר לפי הטעם
- 4 אונקיות (פיל אמנון 4)
- חלב כשר ופלפל שחור גרוס טרי לפי הטעם
- ⅔ כוס קינואה
- 2 כוסות קייל מגורר

- 1 כוס אדוב מגורר
- 1 כוס גרעיני חריס (שימורים או קלויים)
- 2 גבינות שזיפים חתוכות לקוביות
- ¼ כוס שבבי טורטייה מרוסקים
- 2 כפות עלי כוסברה טריים קצוצים

כיווניים

a) מערבבים את הכוסברה, גויגרט, השום, מיץ הלימון וחלמון הערבה לשל לטורבל: החמוצן עד לבקלת היזה ומשב את אטי ברז מוסיפים אטוף, לעופ השמנוון. מעבד בזמן 4 עד 3-ל למקרר ועמיבירים מכסים אמוסלים.

b) מחממים את התנור ל-425- מעלות פרנהייט. משמנים כלות בתנית טיפאליה או מצפים בתסריס טפלון. או ינאק 13x9 לגודב הייפא.

c) בקערה הנתק, טורפים דחי האמחה, השום, גדרית מיץ הלימון. מתבלים את האמון והמלח בפלפל ומניחים בתבנית האיפיה המוכנה. טופטיים את העורבת.

d) אופים עד שהגדה מתקפל בקערות מזל, 10 עד 12 דקות.

e) משלים את הקניונה יפל הואראה הזריזה סביר גדול מע 2 כוסות מים. מגבינים מעט.

f) מחלקים את הקניונה לכלי הכנה הלוחרים. מעל אמנון, קייל, כרוב, סרית, גרבינות שבבי הטרוטייה.

g)‏ להגשה, מזלפים רוט ליים כוסברה, מעטרים בכוסברה אם וצימ.

80. בוק טלס רייצק

כריכים

רוטב פרג

- ¼ כוס חלב 2%.
- 3 כפות מיונז שמן זית
- 2 כפות יוגורט וניל
- 1 ½ כף סוכר, או יותר לפי הטעם
- 1 כף חומץ תפוחים
- 1 כף פרג
- 2 כפות שמן זית

סלט

- דלעת חמאה של 16 אונקיות, חתוכה לקוביות בגודל 1 אינץ'
- 16 אונקיות נבטי ברסלס, חצויים
- 2 ענפי טימין טרי
- 5 עלי מרווה טרויים
- מלח כשר ופלפל שחור גרוס טרי לפי הטעם
- 4 ביצים ניבונוניות
- 4 פרוסות בייקון חתוכות לקוביות
- 8 כוסות קייל מגורר

● 1 ⅓ כוסות אורז בר מבושל

כיוונים

(a) טורל בטו: הורת חדי את הלחם, המינון, היגורות, הסוכר, החמוצמק הפריג בקערה. הנתק מסכים ושומרים במקרר עד 3 ימים.

(b) מחממים את התנור ל-400 מעלות צלזיוס. משמנים קלות תבנית אפייה או מצפים בספריי טפלון.

(c) מניחים על המחבת האפייה את המוכנה חלדת את כרוב ציניי. מוסיפים את שמן זית, תימין והמרווה עמבריבית בדברי דלאוח; מתבלים במלח ופלפל. קדו עד 30 עד 25 דקות, בשמד תחת, הפוך מכסים, ואפוי הזהיר. להפטר; לרוקדי.

(d) בינתיים, מחיקים את הביצים בסיר גדול ומכסים מים קרים ב-1 אניפ. מבשמכים את הסיר על אש קוד ומסירים מת; כשהמים מגיעים לרתיחה ומבשלים במשך הקד. מסננים היטב ומצננים לפנ קיליופ והחדתק. לשבל במשך 10 עד 8 דקש.

(e) מחממים חבת חלדל על אש בינוני-הבוה. מוסיפים את הביצקים ובמשלים עד שהוא ופרוי, 6 עד 8 דקות; לנקב עודף שומן מעבריי לצחלת פרודת בנריי סופה; לפהרשי.

(f) מעד סמירד; המלוחדר, הנכה את הקייל דולת מכים את קהי, אחה את הסלטיס, את הכריבית ברברי ברגדש שגישים עם עוט הפרה. 3 עד 4 ימי.

81. באפלו כרובית קלחי סלט

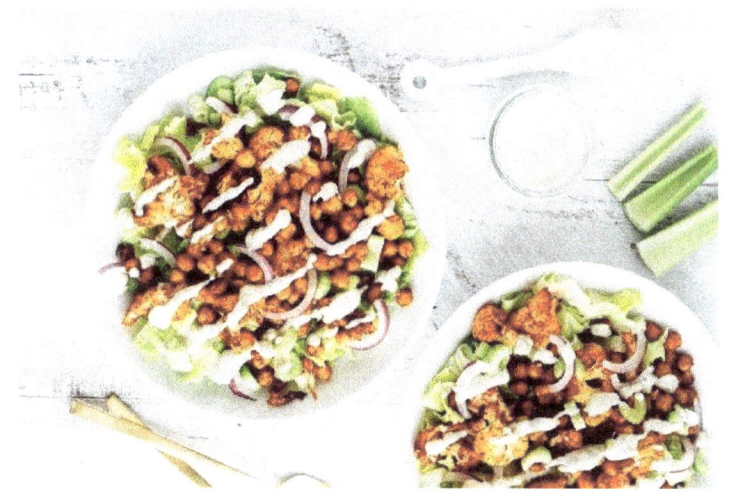

רכיבים

- כוסות פרחי כרובית 3-4
- 15 1 אנקויות. כולי חמוס, מרקו, שטוף וטחפ שבי
- 2 כפיות שמן אבוקדו
- ½ כפית פלפל
- ½ כפית מלח ים
- ½ כוס רוטב כנפי תאו
- 4 כוסות רומיין טרי, קצוץ
- ½ כוס סלרי, קצוץ
- ¼ כוס בצל אדום, פרוס
- רוטב ראנ'ו טבעוני שמנמן:
- ½ כוס אגוזי קשיו גולמיים, מושרים 3-4 שעות או לילה
- ½ כוס מים מתוקים
- 2 כפיות שמיר מיובש
- 1 כפית אבקת שום
- 1 כפית אבקת בצל
- ½ כפית מלח ים
- קורט פלפל שחור

כיווניים

a) חמם תנור למעלה שניים 450°F.
b) מסיפים לקערה גדולה כרובית, חומוס, שמן, פלפל ומערבבים ציפוי.
c) צלה את התבנית על אפייה או נב. צלי 20 דקות. מוציאים את התבנית האפייה מהתנור, מציקים על התערובת בטור ובאפלו ומערבבים ציפוי. צלו עוד 10-15 דקות או עד שהחומוס וכרוביות נצלה יפה מעט. הסר מלעמלה.
d) הוסף גוזזי קשיו ישי ספוגים ומונקוזים בלנדר או מעבד מזון עם בע מוצע ההובה עם מערביבים עד לקבלת 1/2 כוס מים, שמיר, אבקת שום, מלח לצב, חלם ופלפלו. תערובת חלקה.
e) סוכ 1/8-ו סוכ 1/4, קצוצות 2 כוסות ומריוי וסופסוי סלט קערות שתי יתר ספות פטפט על הרותב. חומוס צילוי ובופ תיבוריכ עם למעלה מצ לצב לכל קערה. ולהינות!

82. צנצנת מייסלי קוואקר גרגירי בנטי ברסלי

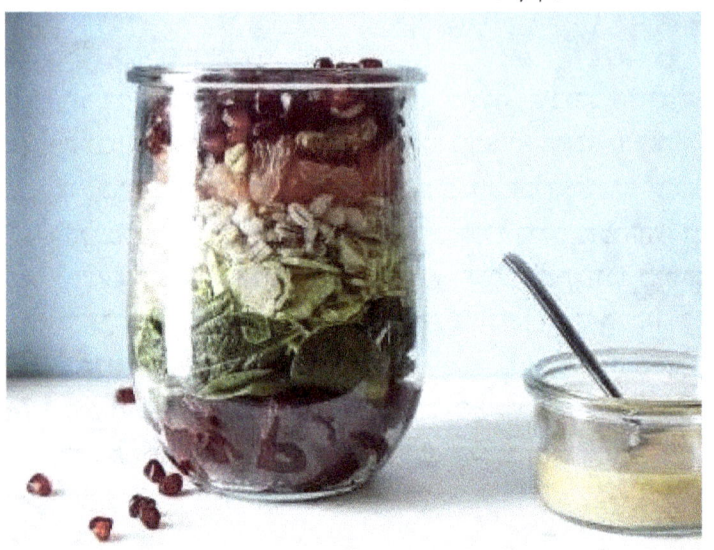

רכיבים

- 3 סלק בינוני (בערך) 1 פאונד)
- 1 כף שמן זית
- מלח כשר ופלפל שחור גרוס טרי לפי טעם
- 1 כוס פארו
- 4 כוסות ביבי דרת או קייל
- 2 כוסות נבטי בריסל (כ-8 אונקיות), פרוסות דק
- 3 קלמנטינות, קלופות ומפולחות
- ½ כוס אגוזי פקאן, קלויים
- ½ כוס גרעיני רימון

ויניגרט ייין אדום דבש-דיז'ון

- ¼ כוס שמן זית כתית מעולה
- 2 כפות חומץ ייין אדום
- ½ שאלוט, טחון
- 1 כף דבש
- 2 כפיות חרדל דיגנים מלאים
- מלח כשר ופלפל שחור גרוס טרי לפי טעם

כיוונים

a) מחממים את התנור ל-400 מעלות F. מרפדים תבנית בנייר אפייה בנייר כסף.

b) מניחים את הסלק על נייר הכסף, מזלפים שמן ומתבלים במלח ופלפל. מקפלים את כל 4 הצדדים של נייר הכסף כדי ליצור נרתיק. אופים עד שהסלק רך, כ-30 דקות; עד קודם 45 דקות.

c) בעזרת מגבת נייר נקייה, שפשוף את הסלק כדי להסיר את הקליפות; החתוך לקוביות גדולות בים.

d) בשלים את הפארה ופלי הוראזה, ואז מצננים.

e) חלק את הסלק ל-4 צנצנות זכוכית בחר הפה מעל מכסים. העלה עם דרת או קייל, אפור, בטטי ברסיס, קלמנטינות, אגוזי פקאן וזרעי רימון. בקרקר למשך 3 או 4 ימים.

f) 1-ו מקפיצים חדי זמן שמיזה, חמוצה, שאולטו, שבדה, וחרדל: עבור ווויניגרט כף מים; מתבלים מלח ופלפל לפי טעם. מכסים ושומרים במקרר עד 3 ימים.

g) הלשגה המוסיפים את הווויניגרט לכל צנצנת ומנערים. מגישים מיד.

83. סלט ברוקולי צנצנת מיוסו

רכיבים

- 3 כפות חלב 2%.
- 2 כפות מיונז שמנת זית
- 2 כפות גויגרט וייני
- 1 כף סוכר, או ויתר לפי הטעם
- 2 כפיות חומץ תפוחים
- ½ כוס שקיו
- ¼ כוס חמוציות מיובשות
- ½ כוס בצל אדום חתוך לקוביות
- גביני צ'דר של 2 אנקויות, חתוך לקוביות
- 5 כוסות פרחי ברוקולי קצוצים גס

כיוונים

a) לטרוב: פירוט חדי את החלב, המיונז, היוגורט, הסוכר והחומץ בקערה הגדולה.

b) הוסף את הקליה ואת הגורה ל-4 צנצנות זכוכית בעלות פה רחב עם מכסים. שמורים במקרר עד 3 ימים. שקיו, חמוציות, בצל, גבינה וברוקולי.

c) הגשה: מנערים את תוכלת הצנצנת ומגישים מיד.

84. סלט עוף בצנצנת מייסון

רכיבים

- 2½ כוסות שאריות עוף רוטיסרי מגורר
- ½ כוס יוגורט יווני
- 2 כפות מיונז שמן זית
- ¼ כוס בצל אדום חתוך לקוביות
- 1 גבעול סלרי, חתוך לקוביות
- 1 כף מיץ לימון סחוט טרי, או יותר לפי הטעם
- 1 כפית טרגון טרי קצוץ
- ½ כפית חרדל דיז'ון
- ½ כפית אבקת שום
- מלח כשר ופלפל שחור גרוס טרי לפי הטעם
- 4 כוסות קייל מגורר
- 2 תפוחי גרני סמית, מגורענים וקצוצים
- ½ כוס קשיו
- ½ כוס חמוציות מיובשות

כיוונים

a) בקערה גדולה שלבו ואת את גלודה הירוגרט, המימה, הצבה, הסלרי, מיץ הלימון, חרדה, טרגון; מתבלים במלח ופלפל יפה טעם.

b) מחלקים את תערובת העוף ל-4 צנצנות זכוכית בעלות פה רחב עם מכסים. מעל קייל, תפוחים, אגוזי קשיו וחמוציות. שומרים במקרר עד 3 ימים.

c) להגשה מנערים את תכולת הצנצנות ומגישים מיד.

85. צוצנת מייסן סלט פון סיני

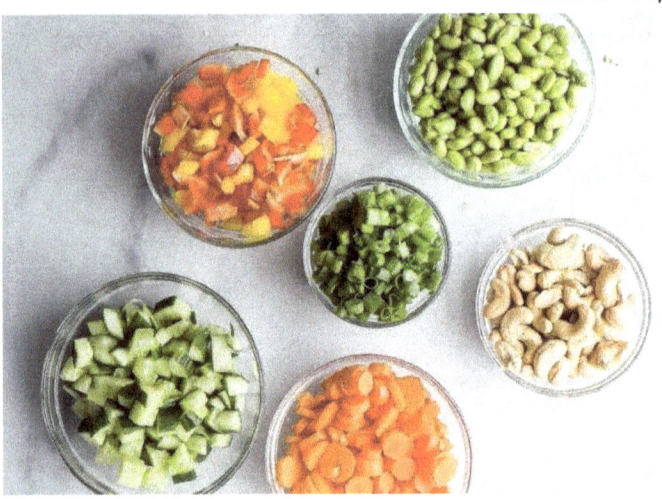

רכיבים

- ½ כוס חומץ ייו אורז
- 2 שיני שום סחוצות
- 1 כף שמן שומשום
- 1 כף ג'ינג' טרי מגוררר
- 2 כפיות סוכר, או יותר לפי הטעם
- ½ כפית רוטב סויה מופחת נתרן
- 2 בצלים ירוקים, פרוסים דק
- 1 כף שומשום
- 2 גזרים קלופים ומגוררים
- 2 כוסות מלפפון אנגלי חתוך לקוביות
- 2 כוסות כרוב סגול מגורר
- 12 כוסות קייל קצוץ
- 1 ½ כוסות שאריות עוף או טורסיר חתוך לקוביות
- 1 כוס צנועות וונטון

כיוונים

a) טורפים יחד את החומץ, השום, שמן השומשום, הג'ינג'ר, הסוכר ארבעה וויגריט: מחלקים את הרוטב ל-4 צנצנות זכוכית בעלות פה רחב ורוסים הסויה בקערה הנקייה. מחלקים את הסויה בקערה הנקייה על מכסים.

b) 3 עד במקרר שומרים. קייל עופות, כרוב, מלפפון, גזר, שומשום, קורי צבץ לעמ ימים. אחסן את הירקות בנפרד.

c) להגשה מנערים את התכולה צנצנת ומוסיפים את הירקות המוגשים מיד.

86. סלט ניסואיז צנצנת מייסון

רכיבים

- 2 בצים בינוניות
- וחצי כוסות שעועית הקורי הצויה
- 3 פוסאות הנון לבקור ארוזות במים, מנוקזות ושטופות (אנקויות 7)
- ¼ כוס שמן זית כתית מעולה
- 2 כפות חומץ יין אדום
- 2 כפות בצל אדום חתוך לקוביות
- 2 כפות עלי פטרוזיליה טריים קצוצים
- 1 כף עלי טרגון טריים קצוצים
- 1 ½ כפית חרדל דיז'ון
- מלח כשר ופלפל שחור גרוס טרי יפה הטעם
- 1 כוס עגבניות שרי חצויות
- 4 כוסות חסה חמאת קצוצים
- 3 כוסות עלי ארוגולה
- 12 זיתי קלמטה
- 1 לימון חתוך לקוביות (לא חובה)

כיוונים

a) מנחים את הביצים בסיר גדול ומכסים במים קרים ב-1 אינץ'. מביאים לרתיחה ומשלים בשמד דקה. מכסים את הסיר בצמד שמור מסירים מהאש; תן לשבת במשד 10 עד 8 דקות.

b) ניתייב, בסיר גדול עם מים רותחים מומלחים, מבלנים את השעועית עד הקוריה של הבציר אל קוריה זע, כ-2 דקות. מנננים ומעבירים מי קרח. מנננים היטב. מבטש. מוסיפים פלפים והתרחים את הביצה לשנאים לאורכם.

c) בקערה גדולה, מערבבים את הטונה, שמן זית, חמוצים, הבצל, הפטרוזיליה, הטרגון ומתבלים במלח ופלפל; הוסיף ועד לאחיד.

d) חלק את הערובת לטונה ל-4 צנצנות זכוכית בעלות פה רחב עם מכסים. שומרים במקרר עד שעוביי הקורי, הציבי, עגבניות, הסה האמא, ארוגלה ווזיתים. שומרים במקרר עד 3 ימים.

e) להגשה מנערים את תכולת הצנצנת. מגישים עם מיד, עם פלח לימון אם צוים.

87. קערות טונה חריפות

רכיבים

- 1 כוס אורז חום ארוד
- 3 כפות מיניז שמן זית
- 3 כפות יוגורט ווני
- 1 כף טור בטן סרריצ'ה, או ותר יפל מטעם
- 1 כף מיץ ליים
- 2 כפיות טור הסויה מופחת נתרן
- 2 (5 אונקיות) פוספאות הנוט לבקרוק, מרוקן ושטוף
- חלם כשר פלפלו שחור גרוס טרי יפל מטעם
- 2 כוסות קייל מגורר
- 1 כף שומשום קלוי
- 2 כפיות שמן שומשום קלוי
- ½ 1 כוסות מלפפון אנגלי חתוד לקוביות
- ½ כוס ג'ינג'ר כבוש
- 3 בצלים ירוקי, פרוסים דק
- ½ כוס נורי קלוי מגורר

כיוונים

a) ‫לְהַפְרִישׁ‬. מבשלים את האורז לפי הוראות האריזה ב-2 כוסות מים בסיר בינוני.

b) בקערה קטנה, טורפים את דחי הגבינה, היוגורט, הסריריצ׳ה, מיץ הלימון ורבע
כוס מים. כופת מתערובת לימונית לתוך הערק השני מכסים ומקררים.
מערבבים את התנות לתוך תערובת המאי ושותרה מעברבים בעדינות אחרוד;
מתבלים במלח ופלפל לפי הטעם.

c) מתבלים במלח חלמון; בקערה בינונית מערבבים את הקיילה, השומשום והשומשום; מתבלים
ופלפל לפי הטעם.

d) מחלקים את האורז לכל הכהנה הארוחה. מעל תערובת הטונה, תערובת הקייל, מלפפון,
סימים עד בקמרר משומרים. נוני קורי לצב, ר'גנ'י ג.

e) הגשה מטפטפים את תערובת המיונז.

88. קייטס בוק טלס

ימסלב ץמוח

- הלועמ תיתכ תיז ןמש תופכ 3
- ימסלב ץמוח תויפכ יצחו 4
- תקדוהמ ,סוש ןש 1
- םישבוימ היליזורטפ יתיתפ תויפכ $\frac{1}{2}$ 1
- שבוימ םוקיליזב תיפכ $\frac{1}{4}$
- שבוימ ונגרוא תיפכ $\frac{1}{4}$

טלס

- תוינוניב םיציב 4
- חלמ אלל האמח ףכ 1
- תויקנוא 12 קייטס
- תיז ןמש תויפכ 2
- םעטה יפל ירט סורג רוחש לפלפו רשכ חלמ
- דרת יבייב תוסוכ 8
- תויוצח ,ירש תוינבגע תוסוכ 2
- ןאקפ יאצח סוכ $\frac{1}{2}$
- תררופמ ןמוש תתחפומ הטפ תניבג סוכ $\frac{1}{2}$

םינוויכ

a) טרגיניוורט הבלסמי: פירוט חדש את זיהה, חמוצה הבלסמי, סוכרה, השומ,
הפטרוזיליה, הבזיליקום, האורגנו והחרדל (אם משתמשים) בקערה הבינונית. מכסים
ושומרים במקרר עד 3 ימים.

b) מבאים לרתיחה את הבציר גדול ומכסים במים קרים ב-1 ליטר'. מניחים את ציר ההסכם קדוק ומסירים ההמאש; ת לבשל
ובשלים במש הדק. מכסים את סיר ההסכם במכסה קרוב ומפלים הקיפול והתחת
במש 8 עד 10 דקות. מסננים טיב ופנני מוצננים פוליקי והתחתדת.

c) מסימים את המחמה בבגוד על אש גבוה. ביניבות-הבוהו. בעזרת רייט סופג, ג'בשי
את המסיפיס. למפלפל המחלם ומתיבלמי בהתמז ממש את המפיסים. סקייטק שני צדי את
הסקייטק בחמבת ומבשלים, הופכה פעם אחת, עד לבישוש הרצוי, 3 עד 4 דקות לכל
צד ארבע מדיום-רייר. נותנים החונל 10 דקות תחת שהחותיכות פנני לפלח התוכית בגדול לסיב.

d) להעלת עם ;החוראל הנכה מיכל דרך לתוך סהמטלים, את הביצכרך כדי
שורות מסדורות של קייטק, ציביצ, אגבנות, ואקף הפטף. מכסים ושומרים
במקרר עד 3 ימים. מגישים עם הווינגרט בלסמי או הרוטב הצוי.

89. קערות הזנה בטהט

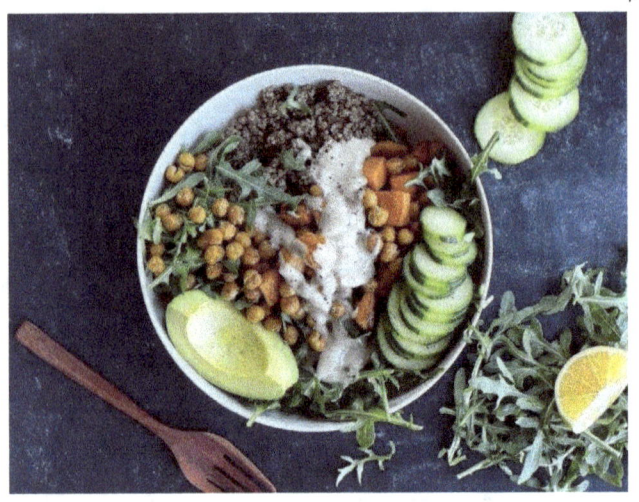

רכיבים

- 2 בטטות בינוניות, קלופות וחתוכות לקוביות בגודל 1 אינץ'
- 3 כפות שמן זית כתית מעולה, מחולק
- $\frac{1}{2}$ כפית פפריקה מעושנת
- מלח כשר ופלפל שחור גרוס טרי לפי הטעם
- 1 כוס פארו
- 1 צרור קייל לקינטו, מגורר
- 1 כף מיץ לימון סחוט טרי
- 1 כוס כרוב אדום מגורר
- 1 כוס עגבניות שרי חצויות
- $\frac{3}{4}$ כוס שעועית גרבנזו פריכה
- 2 אבוקדו חצויים, מגולענים ומקולפים

הוראות הגעה

a) חממים את התנור ל-400° מעלות פרנהייט F. מרפדים תבנית ביירר אפייה.

b) מניחים את הבטטות על תבנית האפייה המוכנה. מוסיפים 1 ½ כפות שמן זית ומערבבים במלח ופלפל ועירעבים בידיים. מסדרים בשכבה אחת ואופים במשך 20 עד 25 דקות, הופכים פעם אחת, עד שהן בקינוק בקצוות מזרג.

c) בשלים את האפרה ופל הוראות החביבה; לְהַפְרִישׁ.

d) עם האקיר את בינוניות את הקיילי, מייצים הלימון ו-1 ½ כפות שמן זית הנותרות. שלים ובקערה הערעה את הקיילי עד לקבלת ערובה אחידה ומתבלים במלח ופלפל ליפי הטעם.

e) מחלקים את האפר ומיכלים הכה הארוחה. מעל טבטוט, כרוב, גבינבורות וגרבנוני. שומרים במקרר עד 3 ימים. מגישים עם האבוקדו.

90. קערות בודהה עוף תאילנדי

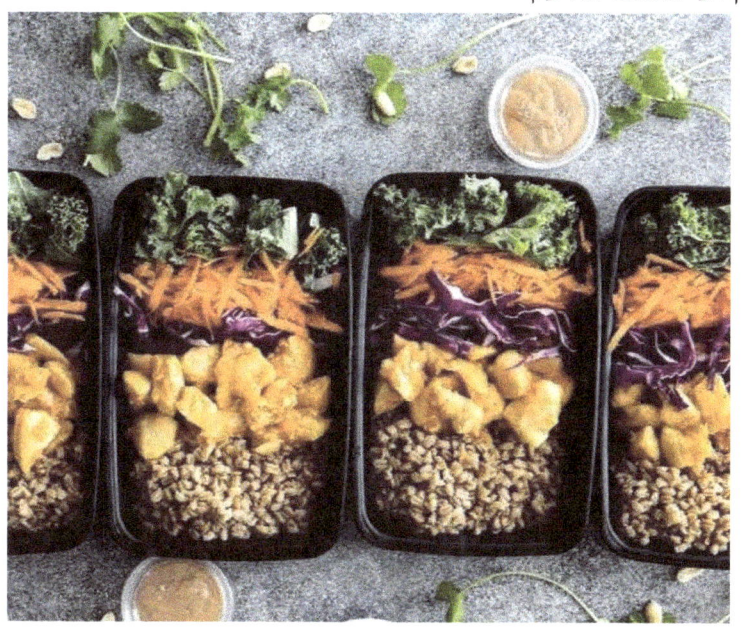

רכיבים

רוטב בוטנים חריף

- 3 כפות חמאת בוטנים שמנת
- 2 כפות מיץ ליים סחוט טרי
- 1 כף רוטב סויה מופחת נתרן
- 2 כפיות סוכר חום כהה
- 2 כפיות סמבל אולק (משחת צ'ילי טרי טחון)

סלט

- 1 כוס פארו
- ¼ כוס ציר עוף
- ½ כפית סמבל אולק (משחת צ'ילי טרי טחון)
- 1 כף סוכר חום בהיר
- 1 כף מיץ ליים סחוט טרי
- 1 קילו חזה עוף ללא עצמות, ללא עור, חתוך לקוביות בגודל 1 אינץ'
- 1 כף עמילן תירס
- 1 כף רוטב דגים
- 1 כף שמן זית
- 2 שיני שום, קצוצות

- שאלוט, חחון 1
- כף ג'ינג'ר טרי מגורר 1
- מלח כשר ופלפל שחור גרוס טרי לפי הטעם
- כוסות קייל מגורר 2
- כוסות כרוב סגול מגורר 1 ½
- כוס נבטי שעועית 1
- גזרים קלופים ומגוררים 2
- כוס עלי כוסברה טריים ½
- כוס בוטנים קלויים ¼

כיווניים

a) פרטים חדי המאמה הבוטנים, מים לילה, טור בסיוה, הסוכר
   מסכם ושומרים במקרר. כפות מים במקרק הנטן עד 2-ו אלוק לבמס, סוחה
   מימי 3.

b) **להפְתָרִשׁ**: בשמילים את פהאר ולפי הוראות החביבה.

c) טורים פרטים בקרע הנטן את ריצה, הסבמל אלוק, סוחה רכוסה מוחה
   ומי הלילה; **להפְתָרִשׁ**.

d) בקרע הדלודג העבברים את העוה, מעילן והתירו בטורו דגימה, מערבים יצפוי
   ונותנים לעוף לסגוף את עמיל והתירס מכל הקטו.

e) מחממים את שמן ומזה בבחמת הדלודג על אש ביבונית. מוסיפים את הפלישמי
   עד ההזהבה, 5 עד 3 דקות. מוסיפים את השאולה, הוגי'ג'ר ממשיכים
   לבשל, תוך כדי עורב בכוח וחינר, עד כ-2 דקות. מערבבים את תערובת הריצה
   ומוסיפים עד הכמה הסמכה, הדקק, מתבלים במלח ופלפל יפי הטעם.

f) מחלקים את פהאר ולמלכי הנכה הארוחל. למעלה עם פוע, לייק, כרוב, נבטי
   שעועית, גזר, כוסברה ויבוטנים. יישמר מכוסה במקרר לשמד 3 עד 4 מימי. מגישים
   עם רוטב הבוטנים החריף.

91. עטיפות עוף בוטנים תאילנדיות

רכיבים

רוטב בטובינים בקארי סוקוס

- כוס חלב בקוקוס ¼
- 3 כפות חמאת בוטנים שמנת
- 1 ½ כפות חומץ יין ואורז מתובל
- 1 כף סויה היום מופחת נתרן
- 2 כפיות סוכר חום כהה
- 1 כפית רוטב שום צ'ילי
- ¼ כפית אבקת קארי צהובה

לעצ'וט

- 2 ½ כוסות שאריות עוף רוסיטר חתוך לקוביות
- 2 כוסות כרוב נאפה מגורר
- 1 כוס פלפל אדום פרוס דק
- 2 גזר מקולפים וחתוכים לגפרורים
- 1 ½ כפות מיץ ליים סחוט טרי
- 1 כף מינוז שמן זית
- חלם כשר ופלפל שחור גרוס טרי לפי הטעם
- 3 אנקיות בגינת שמנת מופחתת שום, בטמפרטורת החדר

- כפית ג'ינג'ר טרי מגורר 1
- טיפות תרטרויות גבנינות מיבושות (אניץ' 8) 4

כיוונים

a) פרוטי היח את הלב הקקוס, המאת בוטנים, חומץ וין, טורל בקוסוק קארי בוטנים: פרוטים את דחי הלב הקקוס, חמאת בוטנים, ויין, טרוט בסוי, סוכר חום, ג'ילי צ' אבקת קארי בקערה בינוחים. מקררים את השהר עד הלגשה: כפות שעל 3

b) בקערה גדולה משלבים את העוף ו-3 כפות טרוט בוטנים מעורבים דע ציפוי.

c) בקערה בינונית, מערבים את הכרוב, הפלפל, הגזר, מיץ הליים והמוניז; מתבלים במלח ופלפל לפי הטעם.

d) מתבלים במלח ופלפל יהו ג'נג'ר; משמנת גבינה את מערבים בקטן הנברה עטה.

e) מוחים את עטרות גבינה משמנת באופן שוה על הטרטוריות, ומשאירים גלוב של 1-כבי האדונות את מקפילים. ברכה ותערובת עוף עם המעל. אניץ' 1 אניץ' 4 עד 3 ימים. ישמרי כמרק הסוכס במרקר שדל. המלמט בחוזק מגלגלים וז מגישים לך עטיפה עם בוטנים בטור קארי קוסוק.

92. ודוה דרת יבבש

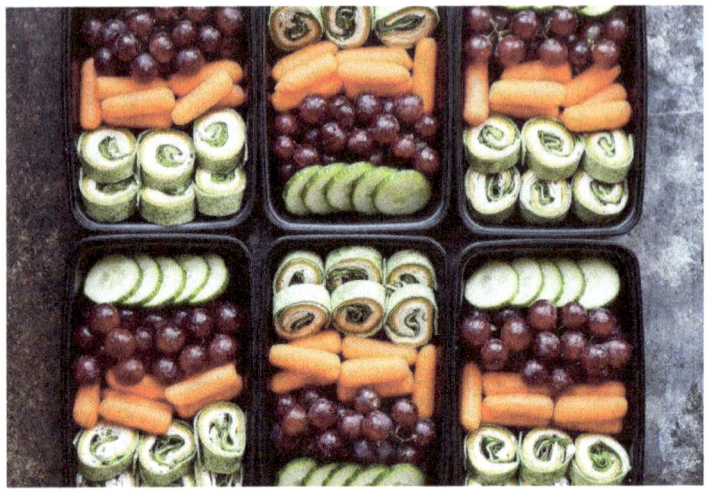

רכיבים

- 1 פרוסת גבינת צ'דר
- 2 אנקיות חזה הודו ופרוס דק
- ½ כוס בייבי תרד
- 1 (8 אינץ') טורטייית תרד
- 6 בייבי גזרים
- ¼ כוס ענבים
- 5 פרוסות מלפפון

כיוונים

a) מניחים את הגבינה, הודו ותרד במרכז הטורטייה. מבאים את הקצה התחתון של הטורטייה על החזקה ומקפלים פנימה. מגלגלים עד שמגיעים לקצה העליון של הטורטייה. חותכים ל 6- גלגלים.

b) משרנ. האחורה מניחים גזר, ענבים ופרוסות מלפפון לתוך מיכל הכנה במקרר למשל עד 2 ל 3 ימים.

93. סלט טאקו הודו

רכיבים

- 1 כף שמן זית
- 1½ ליטר וודה וחטן
- ביצת טאקו (אונקיות 1.25) חבילה אחת
- 8 כוסות חסה מנומרת מגורררת
- ½ כוס פיקו דה גאלו (צרתות ביט או קנה בחנות)
- ½ כוס גוורטר ויני
- ½ כוס עתרובת גבינה מקסיקנית מגורררת
- 1 לייםֹ חתוך לקוביות

כיוונים

a) חממים את שמן הזית במחבת גדולה על אש בינוני-גבוה. הוסיפו את בשר המפוטרר וטיגנו עד שהבשר ומלישים עד התחשמה, 5 עד 3 דקות, ומפרידים את הבשר. מסננים את עודפי השומן; מערבבים את הבית טאקו. מסננים את עודפי השומן; הביבשה וזמן.

b) מניחים את החסה ורומית בשקית נסנדוויץ'. מניחים את הפקה וה גאל, וגוורטר. הגביבנו כוסות נפרדות לש 2 אונקיות Jell-O-shot עם מסכים. כנסה ואת ה הכינו ותלד מיכל ילי - מייל חלפו הגביין, גוורטר, וה פקה וה גאל, חימור, וודה - לחך ה חולראל.

94. דואמ קורי ןוסיימ תנצנצ טלס

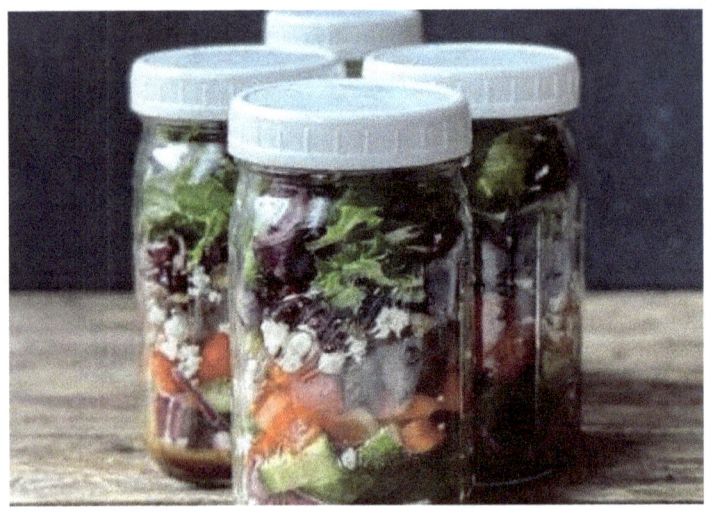

רכיבים

- $\frac{3}{4}$ כוס שעורה פנינה
- 1 כוס עלי בזיליקום טריים
- $\frac{3}{4}$ כוס יוגורט וניל 2%
- 2 בצלים ירוקים, קצוצים
- $\frac{1}{2}$ כפות מיץ לימון סחוט טרי
- 1 שן שום, קלופה
- מלח כשר ופלפל שחור גרוס טרי לפי הטעם
- $\frac{1}{2}$ מלפפון אנגלי, קצוץ גס
- 1 אפונדה (4 קטניות) קישואים, ספירליים
- 4 כוסות קייל מגורר
- 1 כוס אפונה קורי קפואה, מופשרת
- $\frac{1}{2}$ כוס גבינת פטה מופחתת שומן ומפוררת
- $\frac{1}{2}$ כוס נצרי אפונה
- 1 לייל חתוך לקוביות (לא חובה)

כיוונים

a) מבשלים את השעורה לפי הוראות האריזה; מצננים לחלוטין ומניחים בצד.

b) להכנת הרוטב, מערבבים בקערה של מעט מזון את הבזיליקום, היוגורט, בצל ירוק, מיץ לימון ומתבלים במלח ופלפל. דוחקים עד לקבלת תערובת חלקה, שנייה עד כ-30 דק.

c) חלקו את הרוטב ל-4 צנצנות זכוכית עם מכסה הפב. בחר. עמל מלפפון, אטריות, קישואים, שעורה, לייק, אפונה, טפ ונצרי אפונה. שומרים במקרר עד 3 ימים.

d) להגשה מנערים את התכולה בצנצנת. מגישים עם מיד, עם פלח ליים, אם צוריט.

95. קערות ספרינג רול קישואים

רכיבים

- 3 כפות חמאה בוטנים שמנת
- 2 כפות מיץ ליים סחוט טרי
- 1 כף רוטב סויה מופחת נתרן
- 2 כפיות סוכר חום כהה
- 2 כפיות סמבל אולק (משחת צ'ילי טרי טחון)
- 1 קליל שרימפס ביננוי, קלוף ומפורק
- 4 קישואים בינוניים, ספרילייס
- 2 גזרי גדולים, קלופים ומגוררים
- 2 כוסות כרוב סגול מגורר
- ⅓ כוס עלי כוסברה טריים
- ⅓ כוס עלי זיליקום
- ¼ כוס עלי נענע
- ¼ כוס בוטנים קלויים קצוצים

246

כיווניים

a) טורלי הבוטנים: חידי סיפרים את חמאת הבוטנים, מיץ הליימי, טור בסוהי, הסוכר, עד 2-ו אלוק לסמבל, סמוח, שומרים במקרר עד 3 ימי, עד להגשה.

b) בסיר גדול של מי חלם תוחמים, בשלים את השרימפס עד וורדו, כ-3 דקות. מסננים ומצננים בקערת מי קרח. מסננים היטב.

c) מחלקים את הקישואים לכלי הכנה לאורח. למעלה עם שרימפס, גזר, כרוב, זוקיליס, ענבו ובוטנים. ישמר מכוסה במקרר לשד 3 עד 4 ימי. מגישים עם טור הבוטנים החריף.

ארוחות מקפיא

96. לביבות דלעת חמאה

רכיבים

- 4 כוסות דלעת חמאה מגוררת
- ⅓ כוס קמח לבן מלא
- 2 שיני שום, קצוצות
- 2 ביצים גדולות, טרופות
- ½ כפית טימין מיובש
- ¼ כפית מרווה מיובשת
- קורט אגוז מוסקט
- מלח כשר ופלפל שחור גרוס טרי לפי הטעם
- 2 כפות שמן זית
- ¼ כוס יוגורט יווני (לא חובה)
- 2 כפות עירית טריה קצוצה (לא חובה)

כיוונים

a) בקערה גדולה לדלוד מערבבים את הדלעת, הקמח, השום, הביצה, התמין, המורווה ואגוז מוסקט; מתבלים במלח ופלפל.

b) מחממים את שמן הזית במחבת גדולה על אש בינוני-גבוה. בקבוצות, גורפים כ-2 כפות של לילה לכל ביצה, מוסיפים למחבת ושוטחים בעזרת מרית. שהחלק התחתון מזהיב הפיך, כ-2 דקות. הופכים ומשליים צד שני, 1 עד 2 דקות יותר. מעבירים לצלחת מרופדת בנייר סופג.

c) מגישים מיד, עם יוגורט וויירית אם רוצים.

d) להקפיא: מניחים את הלביבות המבושלות על תבנית אפייה בשכבה אחת; מקפיאים עד שמוצקות ומאחסנים בתיק בניילון מוקפאים ומקפיאים לשמד הלילה. עבירים לשמד עד לשמוש. כשמוכן, להגיש, אופים בחום של 350 מעלות צלזיוס במקפיא עד 3 חודשים. להחמצות, להפשיר לחצי. מעבירים לצלחת מרופדת בשמד כ-10 עד 15 דקות, עד להתמצוה, ממפפה הלוצי.

251

97. ר'גני'גו רזג קרמ

רכיבים

- 2 קילו וגזרים, קלופים וקצוצים
- 1 בטטה, קלופה וקצוצה
- 1 בצל מתוק, קצוץ
- 3 שיני שום
- סורפו פולק, טרי ג'גני'ר תחיתכ (אינ'ק) $\frac{3}{4}$ 1
- 1 כפית פפריקה מעושנת
- 2 עלי דפנה
- 6 כוסות ציר ירקות, ועוד במידת הצורך
- מלח כשר ופלפל שחור גרוס טרי לפי הטעם
- כוס עלי כוסברה טריים $\frac{1}{3}$
- כוס עלי ענענ טריים $\frac{1}{4}$
- 2 כפות מיץ ליים סחוט טרי
- כוס שמנת כבדה $\frac{1}{3}$
- כפית פפריקה מעושנת (אל חובה) $\frac{1}{4}$

כיוונים

a) שלב ואת הגזר, הבטטה, הצבה, השום, ה'גינג'ר, הפפריקה, עלי הדפנה וצרי
בתנור הלוח גדול; מתבלים במלח ופלפל.

b) להביא לרתיחה; מנמיכים את האש ומבשלים עד שהגזר רך, 25 עד 30 דקות.
מעבירים מנה מהמים את הכוסברה, ענענו ומיץ הליים. זורקים את עלי הדפנה.

c) טוחנים עם בלנדר טבילה מקרם הצורה. אם מרמה מדיי, מוסיפים עוד ציר עד
הצורה.

d) מערבבים מנה מהמים את השמנת ומבשלים על חימוט. כ-2 דקות. מגישים מיד,
מעטרים בפפריקה אם רוצים.

e) משטימים את הקרם על השגלה. חולק את הקרם המקוררת לתוך שקיות להקפאה:
מקפיא זיפול והנחיה את השקיות בשבח האה במקפיא. להגשה מוסיפים
את השמנת מחממים שוב על אש נמוכה תוך כדי ערבוב מדי פעם עד החימום.

98. תבשיל אורז עוף וברוקולי גבינתי

רכיבים

- 1 בליל (אנקויות 6) תערובת אורז פראי ואורדו
- 3 כפות חמאה ללא מלח
- 3 שיני שום, קצוצות
- 1 בצל, חתוך לקוביות
- 2 כוסות פטריות קרמיני, חתוכות לרבעים
- 1 גבעול סלרי, חתוך לקוביות
- ½ כפית טימין יבוש
- 1 כף קמח לכל מטרה
- ¼ כוס יין לבן יבש
- 1 ¼ כוסות ציר עוף
- מלח כשר ופלפל שחור גרוס טרי לפי טעם
- 3 כוסות פרחי ברוקולי
- ½ כוס שמנת חמוצה
- 2 כוסות שאריות עוף רוטיסרי מגורר
- 1 כוס גבינת צ'דר מופחת שומן מגוררת, מחולקת
- 2 כפות עלי פטרוזיליה טריים קצוצים (לא חובה)

כיוונים

256

a) F. מחממים את התנור ל-375 מעלות

b) להפריש: בשלים את תערובת האורז לפי הוראות האריזה.

c) ממסים את החמאה בסיר גדול על תנין סיר-ביניני-הההוב. מוסיפים את הבצל, גבה, מושה, פטריות והסלרי ומבשלים, תוך ערבוב מדי פעם, על לירוק, עד 3 דקות. מערבבים פנימה את הטימין ומבשלים עד לריח, כדקה.

d) טורפים את הבינים בהגרדה פרפים. הדקה. לההשחם הלק של הבינים ומוסיפים פרפים מתבשלים: תוקד 3 עד 2, טעם ממסדים עד מתדמת הפירי דיק דות ומבשלים. הוצרי במלחם פולפל יפל מעה.

e) מערבבים את הבינים הרקולי, השמנת החמוצים, פועה, חצי סוכ הגבינה והזרוע. אם התרח, 7. בלשל גלדו ונאכ עצור, יתר מאחור לשימוש הקדירה את מפקים מזרים את חצי סוכ הגבינה הנותרת.

f) 22 עד 20, במובעמ וממוחם עד השתבשיל ואפים עד לתנור החמאה את המבירים עמים. תוקד מגישים מיד, מעטרים בפטרוזיליה אם רוצים.

g) הָאָפְקָה.

99. האוניקו ףוע היטרוט קרמ

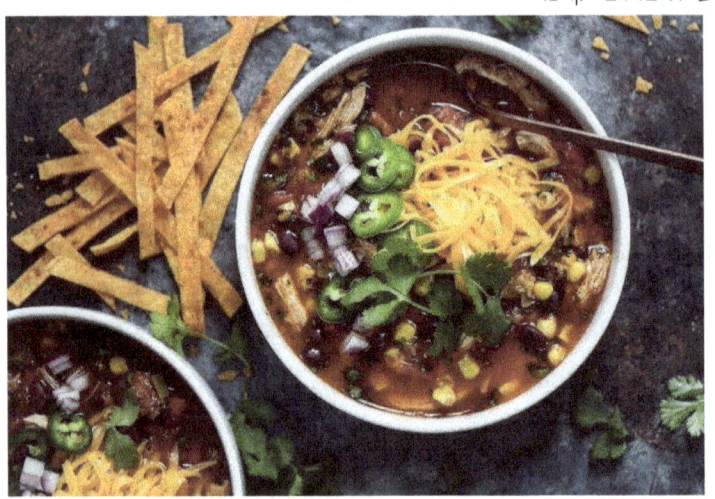

כריכים

צרעות טורייה אפוייות

- טורטיות תירס התוכות לצרעות דקות 4
- כף אבקת צ'ילי, או יותר לפי הטעם ½
- מלח כשר ופלפל שחור גרוס טרי לפי הטעם
- 1 כף שמן זית

מקרם

- 1 קילו והזה עוף ללא עצמות וללא עור
- מלח כשר ופלפל שחור גרוס טרי לפי הטעם
- 3 שיני שום, קצוצות
- 1 בצל, חתוך לקוביות
- 1 פלפל קורי, חתוך לקוביות
- 2 כפות רסק עגבניות
- 1 כף אבקת צ'ילי
- ½ 1 כפיות כמון טחון
- 1 כף אורגנו מיובש
- 8 כוסות ציר עוף
- 1 (28 אונקיות) פחית עגבניות התוכות לקוביות

- פחית שעועית חרובה, סחוט ושטוף (15 אונקיות) 1
- כוסות גרעיני תירס (קפואים, טשומרים או קלויים) 1½
- ½ כוס בצל קצוץ
- מיץ מ-1 ליים
- ½ כוס עלי כוסברה טריים קצוצים
- קישוטים אופציונליים: גבינת צ'דר מגוררת, בצל אדום חתוך, פרוסות ג'לפינו, עלי כוסברה

כיוונים

a) מחממים את המים ומביאים ל-375. משחררים פרהייטינג. מחוממות את ההטיט או האיפה במצפים בתרסיס נון-סטיק.

b) בתבלים; מחרחים את הטרהיטה ציירות על אחת הבכשב תבנית האפייה המוכנה; אופים עד שהן צפריר. מהה חלפהו בספריר טפלו. אבקת צה'ילי, וזהובים 10 עד 12 דקות, דות ערבוב באמצע; מניחים לבצד ומצננינ.

c) מחממים את שמן הזית ברסיר גדול או ולוהה בתנור על אש בינוני. מתבלים. עוף את סוספים ומשבילים עד להזהבה, 2 עד 3 דקות. עוף ובמלפל חלמפלפ. מעריבים צלחתל ומניחים בצד. לכל צד; בעריבים.

260

d) מוסיפים את השום, הבצל והפלפל לסיר ומבשלים, תוך ערבוב מדי פעם, עד לריכוך, 3 עד 4 דקות. מערבבים פנימה את רסק העגבניות, אבקת צ'ילי, הכמון והאורגנו ומבשלים עד לריח, כדקה. מערבבים פנימה את העוף, יחד עם הציר, העגבניות, השעועית השחורה והתירס. להביא לרתיחה; מנמיכים את האש ומבשלים, ללא מכסה, עד שהעוף רך ומבושל, 20 עד 25 דקות. מוציאים את העוף מהסיר ומגררים בעזרת שני מזלגות.

e) מחזירים את העוף המגורר לסיר יחד עם הקינואה ומבשלים, ללא מכסה, עד שהקינואה רכה, 15 עד 20 דקות. מערבבים פנימה את מיץ הליים והכוסברה ומתבלים במלח ופלפל לפי הטעם.

f) מגישים מיד עם רצועות הטורטיה האפויות, ועם קישוטים נוספים אם רוצים.

.100 סרית מחל מורק םע ודוה למט תודיטשפ

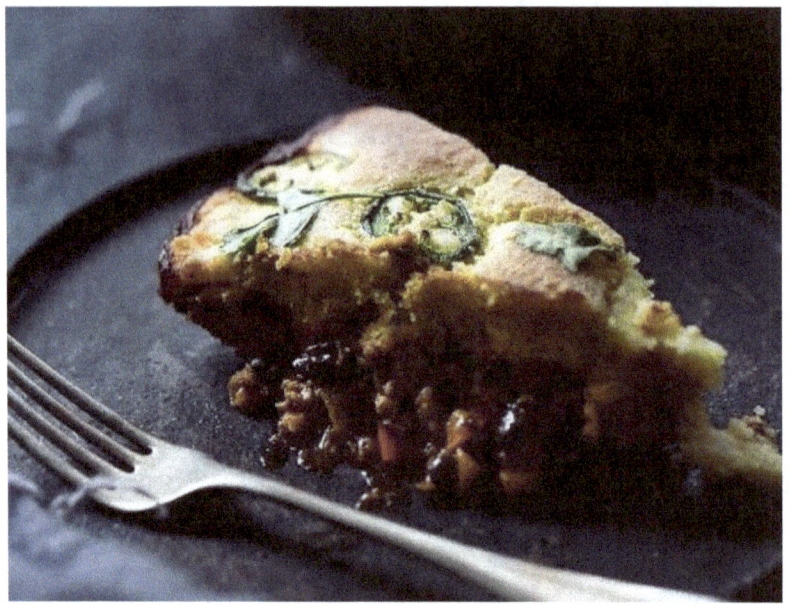

רכיבים

מילוי

- כף שמן זית 1
- קילו וחזה הודו טחון 1
- שיני שום, קצוצות 2
- בצל, חתוך לקוביות 1
- פלפל פובלנו ובינוני, זרע וחתוך לקוביות 1
- 2 כפיות אבקת צ'ילי
- כפית אורגנו מיובש 1
- כפית כמון טחון $\frac{3}{4}$
- מלח כשר ופלפל שחור גרוס טרי לפי הטעם
- יוסקיני מקושקן בסגנון ובמשלושות עגבניות שימורים שיפאוסות (אונקיות 14.5) 2
- כוס גרעיני תירס 1
- כפות עלי כוסברה טריים קצוצים 2

קורם לחם תירס צ'דר-כוסברה

- כוס קמח תירס צהוב $\frac{1}{2}$
- כוס קמח לכל מטרה $\frac{1}{4}$
- כפית אבקת אפייה 1

- כף מלח כשר ¼
- כוס חלב דל שומן ¾
- ביצה 1 גדולה
- 1 כף חמאה לא מלח, מומסת
- כוס גבינת צ'דר מגוררת החיים ¾
- כוס עלי כוסברה טריים קצוצים ¼

הוראות הגעה

a) חממים את התנור ל-425 מעלות פרנהייט. משמנים קלות 6 (10 אונקיות) רמקינים או מצפים בתרסיס נון-סטיק.

b) מחממים את השמן במחבת גדולה על אש בינונית-גבוהה. מוסיפים: לימון, הוואה, טהנה, הושם, בצל והפילם ומבשלים עד שהוודה והחיים, 3 עד 5 דקות, מערבבים את הבקת צה צ'ילי, הוארנג, ומפקידים לפורר את הוודה ידי כף שושבי, מתבלים במלח ופלפל; הוכמון.

c) מערבבים פנים את העגבניות ושוברים אותן בעזרת כך. מעבירים את התערובת למלקים ומוכחים הוסברה. פנים את התערובת לומקנים.

d) מערבבים את הקמק התריסה, חמקה, אבקת האפייה ומלח בקערה בינונית. לקרום: מערבבים את הדידה הגלודה או הרעה אחרת, טרופים יחד הלחם את הביצה, הוחמה. עירים על הטרובה הושימים בעשיה ומערבבים, בעזרת מרים גומי, עד כר. את התערובת הגבינה והכוסברה מערבבים בעדינות. להחל.

e) משטחים את המילוי ברמקסנינג עם תערובת קרקוע בשכבה אחידה. מניחים על בתנית מע ניר איפה ואופים עד להזהבה והקרומ מתייצב, כ-25 דקות. מצננים 10 דקות עם עוטרים בעלי סוכרה ונפסים. נפלה ההגשה, מעוטרים בעלי סוכרה ונפסים.

f) ואז, 3 בשלף סוף דע מילויו את הכינו. ההגשה יוס דע קרמוב את וניכת לא הקפאי: להגשה. חודשים 3 דע הקפאי דמצן בניליו אישייםם הרמקסנינג את טיב מכסימ 425 של בחום ואופים אלומינויס ריינב סנרמקסנינג את מכסימ. מסיריס את הניילון וחושפים את הרמקסנינג. ואשית את מכך הזמן מזב דקות 45 במשד צלזיוס מעלות שילוב דע, ונספות דקות 30 דע 20 במשד אופים קרמוב. ומעלים את תערובת קרמוב אלם.

סיכום

לאכול נכון זה אל קר לגדיל את הברדים אלה בריאים - זה הגיל כן הלאטרנטיבי
הטעימה אל פחות שכבר מומן החכמה לד.

www.ingramcontent.com/pod-product-compliance
Lightning Source LLC
Chambersburg PA
CBHW070650120526
44590CB00013BA/901
9781805428961